圖解日本人論

日本文化的村落性格解析

蔡亦竹

目次

推薦序

探索「日本精神」的真髓

淡江大學歷史學系教授　林呈蓉

眾所周知，實踐大學應用日語學系助理教授蔡亦竹的研究專業是「日本民俗論」，他試著從民俗學角度，藉由《圖解日本人論》一書的撰寫，讓台灣社會理解日本社會的特質。民俗學研究的內涵本身可謂是跨學科研究下的產物，包括歷史學、地政學、文化人類學等諸多面向所結構出的一個學門，為求能深入簡出，讓讀者大眾津津有味地一頁頁翻下去，因此蔡老師經常特意以詼諧筆法探討民俗學上的嚴肅議題。

全書共有四章，蔡老師嘗試從四個面向切入，探討日本社會的本質及其源流，最後則是反思諸己，從理解日本社會本質的過程中觀照台灣社會之於日本五十年殖民統治的心結。書中四個研究面向，顯然是蔡老師過去四篇研究內涵的濃縮版。

在第一章「日本精神與村落」，一個重要的問題意識，即所謂的「皇民」可與「日本精神」劃上等號嗎？蔡老師除了蒐羅各種日本文化論對「日本精神」的闡述與定義外，更特意將日本國民作家司馬遼太郎之於司馬史觀下的日本文化論，另闢章節加以著墨。經過議題的承轉與一連串的探討之後，蔡老師認為何謂「日本精神」的真髓？一言以蔽之，即源自於傳統「村落」的社會特質。這裡所謂的村落，顯然賦有「部落」等深層意涵。

而「村落社會」的本質又是什麼？又如何被體現於近現代的日本社會中？傳統的村落社會經由文明開化的洗禮，逐步昇華成近代國家的結構，更透過國家神道，成為國民大眾之間的共通信仰。然而，「國家」概念是需要知性的訓練才得以成就，即蔡老師所主張的「人造」信仰，而一個典型的象徵即眾所周知的「靖國神社」。靖國神社源自於一八七二年（明治五）創建的「東京招魂社」，最初是為了安慰維新戰爭中戰歿者或殉難者之亡靈所設，但因置於軍部管轄下，即使改名為「靖國神社」之後，仍存有各種疑異而引發爭論。

不同於神道教乃日本社會的在地信仰，長久以來佛教之於日本社會扮演著「鎮護國家」角色，抑或是逐漸與神道教的神靈信仰相互融合，涵化成「神佛習合」的信仰模式。十二世紀後半以後，佛教信仰逐漸本土化，並從過去朝廷貴族的信仰逐漸普及於武士與百姓階層，然而「國家佛教」的特質並沒有因而散失。一個最極端的案例莫過於主張「立正安國論」的日蓮宗，創教宗祖日蓮無視於其他宗派異樣的眼光，甚至以「若不信法華經、外國將入侵」等口號威嚇民眾。至於主張「惡人正機」說的淨土真宗，又稱一向宗，自創教以來頗受武士與農民青睞，乃庶民佛教的代表，甚至透過教團的組成，在世相渾沌的十五世紀透過一種稱之為「一揆」的村落自治性支配組織，開啟日本歷史上絕無僅有的「下剋上」社會風潮。

從另一層面向思考，很明顯地日本佛教亦可謂是村共同體的變化體。而日本列島上各個不同層級的村共同體模式到了十七世紀以後，則以「藩」國的型態呈現。然而，各個藩國之間的在地特質，無論風土、抑或是人文，在在都是南轅北轍，因此從方言的整合開始，則是其後明治政府意圖建構近代統合民族國家的一個難題。

第七世紀時的日本社會，聖德太子試仿效亞洲大陸國家，建構一個中央集權的統合政體，為打破日本列島上從村共同體所結構出的傳統村落社會，乃提出「憲法十七條」等一套規範。其中的第一條「以和為貴、無忤為宗」，則成為十九世紀日本以「大和民族」自稱的源流。自第七世紀開始，為打破村落社會各自為政的藩籬，無論是朝廷、抑或是日後的幕府，其經營運作皆採集體領導模式。當日本列島上的村落社會被整合成近代國家「日本」時，傳統村落社會的概念則被套用在海內外的自他之別；另一方面，在前述「以和為貴、無忤為宗」的概念下，村共同體內部的成員為求大我的實現，則需隱忍小我，更成為集體主義社會下的潛規則。為求村共同體的生存空間，透過「地下檢斷」、「村八分」等機制，逕自私裁無法遵守共同規約的共同體成員。而這種去小異、求大同的社會心理，在近現代日本社會各行各業的從業員身上，一覽無遺，而凡事須「兢兢業業」對處之，亦可謂是當代日本社會共通的特質。

事實上，村落社會概念的建構有其歷史脈絡可循。中國史書《魏志》〈倭人傳〉中被賜予「親魏倭王」稱號的邪馬台國女王卑彌呼，她是當時日本列島上三十餘個部落國聯合體的共主，在既有的租稅制度上，結構出一套嚴謹的身分秩序與政治組織，亦被視為是日本社會有明確統合結構的一個開始。而近現代日本社會大小組織的內部管理機制，在既有的共同規約之外，更透過嚴謹的上下關係而結構出一套「縱型」社會模式。即使講究實力主義的十五世紀織豐政權時代，整體而言似乎是日本歷史上的一個例外，但在地方民間具有自治機能的「惣村」，卻是村共同體的源流。不容置疑地，在傳統「以和為貴」的思考前提下，日本社會之於組織的運作所憑藉的是集體領導，不僅由不得權力者肆意獨行，更不容許旗下的組織成員獨樹一格。蔡小竹老師透過個案研究，旁徵博引，凸顯千年以來日本傳統村落社會的特質，即使經過時間的淬鍊依舊存在，更成為日本社會自他之間相互認知的原點。

推薦序

重新建構台灣人的日本觀

歷史學者，廣播、電視評論者及主持人　胡忠信

從二〇一七年九月四日開始，我在民視主持《新聞大解讀》節目，一改傳統政論節目做法，我以國際政治、地方文史、歷史專題方式切入，邀請「術業有專攻」的專家學者擔任與談人，尤其規劃了幾個專題「明治維新一百五十周年」，「台灣史一八九五—一九四五」，「一戰終戰一百周年」等。

二〇一八年春節後，民事董事長郭倍宏先生告訴我，他在過年前向李登輝前總統拜年，李總統請他轉告我：「每晚八時至十時，他必然準時收看《新聞大解讀》，而且每天勤做筆記，很有心得。」我當然理解李總統的回應：我們需要建構台灣人的「國際觀」、「歷史觀」，尤其一直被扭曲的日本人統治

台灣史，以及日本近代史，更不用說日本人的文化、心理、民俗等；做為一位九十六歲的「老童生」、「資深哈日族」的李總統，也正反應了台灣社會的新興民意與輿論趨勢。

真正翻轉這股趨勢者，並不是學院派的學者，而是來自最具有氣魄與前瞻的「讀書共和國」出版集團的郭重興先生。讀書共和國旗下的遠足、八旗、廣場、衛城、左岸等，可以說是在知識邊疆挺進的尖兵，大量譯介歐美日的一流文史作品，也開始挖掘本土作家。我早已邀集郭昕詠、富察、沈昭明、莊瑞琳等總編輯到中廣《新聞大解讀》訪談，這是我自己承租頻道、精心打造的廣播節目，也是我跟出版社連結的平台。很自然地，蔡亦竹先生的《表裏日本》、《風雲京都》，我亦加以介紹訪談；而出版社只要出版與日本有關的歷史、文化、民俗新書，我也邀請蔡亦竹先生訪談。蔡亦竹先生口條便給，思路明快，博學多聞，善於運用通俗語言表達深奧的學術理念；更不用說，我在民視《新聞大解讀》幾個專題：「明治維新一百五十周年」、「大正民主」、「百年台灣」，蔡亦竹先生也成為座上嘉賓，發揮了更大的話語權與影響力。

法國記者、作家托克維爾在三十多歲訪問美國一年半，撰述《美國的民主》一書，迄今仍然是政治、歷史、哲學的必讀經典。托克維爾在五十多歲撰述《舊制度與法國大革命》，重新省視自己經歷的法國大革命，迄今仍然是當代經典。托克維爾的故事告訴我們，無論他以「圈外人」看美國，或以「圈內人」（他擔任過國會議員、外交部長）看法國，都是不斷吸收新知，修改文稿，將學問與現實結合。正如蕭邦只活到三十九歲，但終其一生，每天都不斷修改音樂原稿，持續與文人雅士交往，才造就了蕭邦作品的不朽地位。

蔡亦竹先生專攻民俗學、人類學，必然熟讀日本、西方（主要還是美國、英國）的相關經典，而其專業又重視田野調查，「博覽群書」、「廣結善緣」是必備的淬鍊過程，他在這本《圖解日本人論》大量引用經典及大師的論述，再加上自己的省思，正在往「成一家之言」的方向邁進。特殊的是，他也引用「國民作家」司馬遼太郎的論述，從非學院、庶民的角度切入；比如明智光秀反叛織田信長，井伊直弼在櫻田門被刺，被解讀為「防止獨裁政治產生」讓我們聯想起布魯斯托謀刺凱薩的「大義名份」，正是解讀日本史的另類切入點。蔡亦竹先生前往靖國神社參訪，窮究「皇民化」真相，也展現了「田野調查」的訪談功夫，讀後令人印象深刻。

司馬遼太郎尊敬李登輝前總統，〈場所的悲哀〉訪談錄不僅改變了台日關係，也牽動了台灣內部政治生態，更徹底改變了中國當局對李登輝總統的定調。正如我經常問很多日本記者：「為什麼你們那麼喜歡李總統？」答案幾乎都是：「李總統表現了大正、昭和初期日本人的理想原型。」即使李總統的日語用法、發音、思維也停格在那個時代。有一位日本友人甚至說：「李總統講話的口氣與內涵，很像日本內閣總理大臣，這是當今日本所欠缺的政治素質」。我回想起李總統曾告訴我，他深受新渡戶稻造、內村鑑三的影響，而這兩位大師級人物一生正是不斷探討「武士道」、「有代表性的日本人」這兩大議題。

「取法乎上，得乎其中。」我贊同蔡亦竹先生介紹日本文化大師的論述，經過消化以後，重新建構新的文化、歷史史觀。正如領導大師彼得·杜拉克的名言：「他真正滿意的書，永遠是下一本。」無論如何，這是蔡亦竹兄在研習日本歷史、文化、民俗、民族性格的第三本著作，值得鼓勵與稱讚。我也期許他在網路、廣播、電視發揮更大的話語權，為新生代「智派」學者營造更多影響力。更重要的是，如何透過這個相互瞭解過程，重新建構台灣人的主體論述，用歷史記憶與文化再現的方式，重新瞭解台灣人：我是誰？我往那裡去？我要回到我原來的地方？這些「大哉問」，也請蔡亦竹先生與大家一起來努力。

推薦序

用偷看別人的眼睛偷看自己

活水來冊房　黃震南

數年前我至京都遊覽，途中經過「濱文樣」和風雜物專櫃，見到一系列以民間故事為主題的布繪本——用線縫起來是布書，把線拆去可以拉開成為一條布巾——這種布巾（手拭，てぬぐい）我買了很多條，當頭巾、包水瓶、當毛巾、當圍巾，甚至裁一塊下來請改衣服的阿桑幫我車在書包、背包、褲子、襯衫上，身上的路邊攤，馬上變日系潮牌。

但是當我看到「濱文樣」布繪本上的圖案，只覺心跳加速，有一股熱氣湧到喉嚨，眼眶也隨即紅了起來。是的，我差點就在人家店裡掉淚。老闆在旁表示：「是洋蔥。我在布巾上印了洋蔥。」歹勢喔不是這樣，上面印的圖案只不過是超可愛的金太郎、桃太郎、竹取公主之類的人物。

我為什麼會如此激動？

這樣的商品有幾個意義。第一，由於家父家母都有長期採錄民間故事的經驗，耳濡目染下，我認為民間文學最能忠實反映出一地的民族性與價值觀。但是現在的小孩，大概連虎姑婆、蛇郎君、白賊七這種從中國流傳過來的故事都不太熟悉了，更遑論臺灣土產的「林半仙看風水」、「林道乾藏金」、「王得祿一日平山海」等故事。

在我想像中，臺灣的民間故事要讓現代小孩都耳熟能詳，除非J. K.羅琳突然得到天啟，決定寫一套以臺灣民間故事為主題的小說，並改編成繪本，在臺灣發行還附贈英文有聲書CD，讓爸媽樂於掏錢買英文版的「嘉慶君遊臺灣」給孩子讀，否則我看不出有什麼契機，能讓這些傳說繼續傳說下去。而日本童話，居然在全球化的海嘯之下，並未被格林兄弟或迪士尼打倒，他們千百年來的傳說，在今日依然風行！

第二，這些日本童話藉著現代繪師的創作，有了時尚可愛的包裝，讓人一見就忍不住想拿出手機，搜尋這上頭印的究竟是什麼故事。第三，這些圖案還運用在布巾這種日常生活用品上，而非只是高供在神龕上的華麗死物。一條布巾證明：在日本由「人」創造出來的民間文學，在現代得以傳承、再創作、落實於生活。這教臺灣的文史工作者如何不羨慕忌妒！我的激動哽咽，其實除了感動，或許更多的是，不甘心。

雖然我並非如同本書作者蔡桑一樣是科班出身，然而受到這個刺激，我也一直在思考：日本人為什麼能這樣？或者反過來問，臺灣為什麼辦不到？

收到本書書稿的同時，我正在追讀從舊書店買回來的村上紀香漫畫《仁者俠醫》，看得目瞪口呆，這樣的作品需要熟知編劇、歷史、醫學史、醫學等專業知識，這是多深厚的文化底蘊！如果要改編成臺灣版的《仁者俠醫》，要找誰做去？

是臺灣沒有足夠的歷史根基、文化養分、壯麗山河、豐隆物產、創意人才嗎？

最後，我回頭尋找在臺灣的民間文學及民俗調查——因為我相信，這些東西才是一個民族在尚未被現代化巨輪壓成扁平且單一的胎痕之前，最真實的性格展現。

找到了。歷史上首次有臺灣人整理民間故事的成果，發表於一九三五年的《第一線》雜誌。隔年又有李獻璋彙整編輯的《臺灣民間文學集》，是首次由臺灣人所收集的臺灣民間文學專書。而四〇年代池田敏雄主編的《民俗臺灣》雜誌，則是臺灣史上第一份以臺灣民俗為主題的刊物。

原來早在七八十年前，臺灣的民間文學、民俗學，便有了初步蒐集成果。而西川滿監製的各種書籍，如《臺灣繪本》、《媽祖祭》、《華麗島頌歌》，每幅插圖或附件，都是道地臺灣味。也就是說，在那個年代，已經有人開始站在臺灣土俗風物的基礎上，進行再創作，就與我在日本看到的布巾創意一樣，就只差普及化以及有力的推廣。

然而眾所皆知的，命運編劇換了個人寫，整個局勢急轉直下，以本土為養分的文化創作，在戰後未能繼續。七十餘年過去，臺灣土俗風物，給大眾的印象也真的只剩下又「土」又「俗」。

文化的根脈被斲斷，我們只好靠外人的眼睛來看自己；別人給予肯定，我們才能聊以自慰。所以我們看著《攻殼機動隊》動畫裡的廟會片段，對自己說臺灣的宗教真酷；看著長澤雅美代言觀光局廣告「Meet Colors」系列，憶起立石鐵臣早就說過臺灣粗獷的線條和鮮明的顏色，是他創作的泉源。

但是我們到什麼時候才能自己正視自己，誠實面對自己的根源——不論看到的是美或醜？

我在蔡桑的這本書看到可能性。

對蔡桑有點認識的人，可能認為他是「親日」或「媚日」派。然而讀完全書，會知道其實他相當中立，或者盡可能中立地，當個「知日」派。

他以民俗學為手術刀，以日本史為病歷，將「日本人」做了詳細的解剖。

拋棄了大眾對日本人「有禮無體」、「很變態」、「很守秩序」等斬釘截鐵的評論，細細地從最源頭：日本人的居住地形、聚落型態，提出了幾個因而演化出來的民族性，接著再提出大量或遠或近的史實，去證明這個論點是講得通的——原諒我在這裡不能透露太多，否則就跟居然在偵探小說的序文爆雷的作家一樣罪過了。

當我終於闔起書稿，重新咀嚼了一次內容，嗯，原來眾說紛紜的日本精神，其實中心思想是那樣，一切豁然開朗。

蔡桑在〈後記〉說，希望臺灣可以建立我們自己的「日本觀」。事實上，我也希望站在這基礎上，我們能夠回頭檢視什麼是「臺灣精神」。以民俗學，重新整理臺灣的文化，建立臺灣的民族性，確定臺灣未來的方向。

我們已經太在乎、太習慣用別人的眼光看自己了，這一次，我們用自己的眼光看別人，等到我們藉此學會分析與自省的能力，總有一天，我們將會把眼光放回自己身上。

推薦序

阿公那一代有邱永漢，我們這一代有蔡亦竹

醫師、TEDXTAIPEI受邀講者　楊斯棓

樹根水果行坐鎮台中第二市場，第二市場前身是新富町市場，專做日本人生意，戰前主要賣香蕉，戰後以日本水果聞名。以我走訪多時的經驗，這三年最夯的品項分別是：福岡草莓、麝香葡萄、貓眼葡萄。台中許多董座年節餽贈親友大概要送到這種等級，才不會失禮。

在台灣，即使是嘴上不喜歡日本的滯台中國人，家裡可能還是吹著DAIKIN送出來的涼風，HITACHI幫他冷藏和牛，SHARP搞定懸

浮粒子，NISSAN帶小孩上學，下班後打開SONY，用PIONEER放送《EVA》。

日本是一個令人心嚮往之的國家。多年前在駐日代表許世楷的奔走下，台灣人赴日再也不必簽證，旅日人口開始逐步起漲，從二〇〇四年的九十萬、二〇〇五年的一百二十萬、二〇一三年突破二百萬、二〇一四將近三百萬，二〇一七年已高達四百六十萬人次。

享受物質，親自踏查，我認為，這只認識了日本的表象。

正如很多人參訪金閣寺通常會拍兩種照片，一種是遠眺金閣寺，一種是讓自己入鏡，熱熱鬧鬧，開開心心，而金閣寺當初由何人所建，三層樓各自代表何意，這是內裏。若不理解日本內裏，那跟強國扛馬桶蓋返國，在機場駢肩雜沓的大媽遊客，有多大差別？

我們常講深度旅遊，我想深度旅遊並不是多花點團費，請謝哲青沿路當我們辛苦的放送頭爾爾。

深度旅遊應該是我們有能力、有脈絡的看待拆解一個景或一件觀察到的新鮮事。

蔡桑的《表裏日本》曾告訴我們，金閣寺第一層，是公家貴族所居住的寢殿造，第二層，則是武士所住的武家造，第三層，則是中國風的禪宗佛殿造。這是身為禪僧的足利義滿，以此自況：君臨天下。

蔡桑第三本書《圖解日本人論》繼續帶我們探究日本的內裏，我認為對幾種人特別有幫助：想到日本遊學留學的年輕人、想到日商公司服務的上班族，計畫旅居日本的中、老年人。

很多人可能跟我一樣看過《GTO麻辣教師》，但我讀《圖解日本人論》，看到快不能呼吸的那一段是蔡桑拆解鬼塚英吉頭上插著兩根手電筒的扮相，起源於日本史上慘烈的屠殺案件：「津山事件」。這發生在一九三八年的岡山縣，二十一歲的都井睦雄襲擊了附近十二戶人家，導致三十人死亡，最後他也自殺。

何以致此？他遺書上自述本來健康認真，後來不幸染結核病，當地百姓深怕被傳染，於是隔離排擠之。這樣的事，就算離現在的台灣，也不遙遠，請GOOGLE：台北市木柵再興社區不滿「台灣關愛之家協會」在社區裡收容愛滋病患。

被隔離排擠，等於在村落社會被判了人格死刑，即使過去有所往來的女性，都為了自保而訕笑都井，於是逼瘋了都井。

都井在村民眼中，有三大罪狀：罹患傳染病、未通過徵兵體檢、亂搞男女關係。

蔡桑厲害，從男女關係又開始拆解。大約可以用明治維新當界樁，維新之前，日人性行為相對開放，「具有生殖功能的性行為被視為和作物生長的土地再生生產能力是一樣正面的能量」，維新之後，村落開放的性觀念漸被視為淫行。

都井受不了村八分（除了當事人受祝融之害或死亡之災，不與之往來）的排擠壓力，於是密謀屠村。

村落這個世間體的壓力加諸都井，都井頂不住而殺人自戕。

蔡桑講的故事讓我驚覺，即使是往後推六十年的東京，日人的壓力也沒有變小。

一九九九年，山田光子頂不住國家級世間體的壓力，殺害兩歲稚子若山春奈。被害人的母親這住高級大廈，而山田光子租賃而居，她坦承羨慕被害人母親的優渥。春奈及山田之女考三歲班（國立御茶水女子大學附屬幼稚園），五百五十一人取二十人，比醫院招募住院醫師的考試還難考。

二〇〇八年，加藤智大工作不順利，在網路留言板怨嘆認識不到朋友、交不到女友，但遭到一些毒舌網友的嘲笑謾罵，繼而在網上激烈爭吵，讀完蔡桑的書，我的解讀角度是：他無法找到依附於世間體的理由跟方法，於是很不幸的，於東京都千代田區秋葉原隨意殺人，最後造成七死十傷。

如果你以為那是日本的事，沒有把台、日看作是一個更大的世間體，你就會低估這件事往後的效應。

鄭捷就讀於弘道國中時的李姓男同學表示，鄭捷曾說想仿效日本秋葉原殺人事件，從事隨機殺人行動。二十一歲的鄭捷，在二〇一四年的台灣，果然用一種最人神共憤的姿態，向世間體宣告他的存在。

日本的問題總早於台灣數載或數十載出現，無論是高齡社會、下流老人還是無等差殺人，台灣人非常需要一扇及早看懂日本的窗戶。

阿公那一代有邱永漢，我們這一代有蔡亦竹。

日本人的原型

蔡亦竹

這是我的第三本書。

在這種出版業超級寒冬的時代，以日本文化作為寫作主題的作者可以出到第三本書，而且還沒有害出版社倒閉，基本上就是一件讓人驚喜到難以置信的事。從一個沒沒無聞、只在網路上大小聲的中年憤怒讀書人，到今天除了大學教員之外還能夠有「作家」這個外掛，真的要感謝許多人、尤其是讀者們的支持和栽培。

前兩本書我曾經提到，三一一地震改變了我的人生觀。所以用文字拉近台灣與日本的距離，成為我生涯最大的課題。在第一本《表裏日本》中，我初步探討了日本文化的內容；第二本《風雲京都》則詳細解說了台灣人最愛的京都裡十七個世界文化遺產，希望大家可以真正看到這個古都背後豐富的故事和人文蓄積。第三本書，終於要討論許多人一直想理解、卻又最難捉摸的主題。

日本人。

如果問大家「你覺得日本人的特徵是什麼」，我想得到的答案應該會超過五百個以上。在剛開始學日文的時候，我就聽過一個至今仍然讓我記憶猶新的故事——假設公司要辦員工旅遊，需要決定目的地，若是日本人就會在一開始大家吵翻天各自堅持己見，你要去台灣、我要去韓國、他要去美國地花許久時間「溝通」。最後終於決定要去台灣，然後所有人不管你想不想去就大家一起出國旅遊這樣。而台灣人也是一樣，四個要去日本、三個要去韓國、兩個說要去普吉島，最後大家投票決定去日本後，那兩個要去普吉島的就「起屁臉」[1]說不參加了。結果要出發的當天機場報到的只有那四個，打電話問其他三個為什麼沒來，那三個台灣人的回話是這樣的：

「阿我又沒投贊成票幹嘛要去！」[1]

其實當時學校老師講這個故事，應該是要告訴我們日本人和台灣人相較起來多麼團結，然後我們台灣人要加油這樣。而許多人也覺得「團結」就是日本人的美德、同時也是民族特性。但是如果真的有過實際在日本生活的經驗，你就會發現日本小人多的是，搞小團體、勾心鬥角的「能人」更是不計其數，團體生活裡背後捅刀啦皮笑肉不笑啦擺你上台啦，種種行為也沒有少過。君不見在日本常使用「〇〇派」一詞，這可不是指日本有很多武林高手，而是「派閥」和「內鬥」也是日本人常見的現象，並不見得日本民族就比「放尿攪沙未糊上壁」[2]的台灣人團結——更何況，我認為「團結」根本是違背人性的一種高難度美德。

1 編按：台語，生氣翻臉之意。

2 編按：台語，不團結之意。

而且就像之前我常提到的，不同時代的日本人其實擁有不同的特性。戰國時代的日本武士根本衝組代表，而江戶時代的中低級武士則是比台灣的某些龜毛公務員還要龜毛；明治時代的軍部可以忍辱負重打落門牙和血吞，但是昭和時代的軍部則是動不動就要和人「輸贏」[3]的進化「八加九」[4]。把他們全放在同一個空間，我想除了語言共通以外怎麼看都不像是同族之人。但是就像《表裏日本》曾提到「以和為貴」的精神一樣，或許在經過一些考證和分析之後，可以找出一些藏於日本人心靈深層的共通要素。而我把它稱為「日本人的原型」。

大家都知道我是司馬遼太郎的「腦粉」[5]，所以就讓我再借用一次他的「原型」說法吧。

日本人的原型，換個說法或許就是所謂的「日本精神」。但是現在大家口中的「日本精神」，好像是指經歷過日本時代的老台灣人表現出的那種「皇民氣質」。老實說，我很喜歡那個時代留下的美好特質，也覺得這些阿公阿嬤們真的人格崇高而且可愛。但是我不覺得因為戰爭的特殊時代所壓縮出來的「帝國臣民」特質，是真正「日本精神」的原貌。真正的日本精神原點，應該是現在仍然存在於日本人心靈深處的某種其他元素。

這就是我這本書的探討主題。

再怎麼樣，一個人一生可以認識的人有限。所以依照自己所認識的日本人性格就決定「日本人就是這樣那樣」的文章，其實網路上就已經很多不欠我一個了，而且更重要的是，這種論述包含了極大的危險性。因為這種建立於經驗主義的論述，搞不好就是字數龐大的自說自話、自圓其說。所以在挑戰這個主題的同時，我拿出了我最強的武器，就是我在日本主修的民俗學。我們用這個本來就以「找出日本民族的精神原鄉」為最大主旨的學問，來進

3 編按：台語，拚個你死我活之意。

4 編按：諧音，八家將。

5 編按：網路用語，意指腦殘、無腦的死忠粉絲。

行台灣人版的「日本人的原型」分析。也因為這樣，所以這本書裡引用了許多我的老師、學友們的民俗學考證資料，除了讓我們再次進行學問的探求兼知性娛樂外，也是我對於過去栽培我的筑波大學民俗學一門報恩的方式。

而且這樣也可以證明我去日本讀的科系真的很厲害啦（笑）。

人在江湖飄，哪有不挨刀。既然有許多支持我的朋友，當然也有為數不少看到我就賭爛的「黑粉」[6]們。當我出版第一本《表裏日本》時，就有人說我抄啦、有人說我是剪貼簿啦、有人說我亂講啦，大概就差沒說我是去給帝君扶鸞寫出來的這樣。雖然《表裏日本》後來也獲得了多項的肯定，但是一開始我就認定這本書是我和大眾第一次的對話，所以在體裁和引用上沒有使用很嚴謹的格式。在大家的支持下，這個嘗試成功了。而到了這第三本書，也終於到了我可以更認真地和讀者們對話的時候。就像剛才所說的，這本書討論的是以「日本人的原型」為代的日本文化論。而這個主題絕對需要許多的文獻和資料支撐，不是我的感覺或是我一個人講就算的。所以你在看這本書的時候，會看到大量的引用或說明註解。這是我對著作負責的方式，但是如果你沒有那麼多的時間一一翻閱這些資料，或只是單純希望擁有流暢的閱讀體驗，那麼這些註解是可以略過的。因為就算略過註解仍能完整理解書中內容，是我身為作者對讀者應有的責任。讓我們一起重新檢視這個既親近、有時又陌生的大和民族吧。

再說我剪貼啊（笑）。

6　編按：網路用語，意指惡意抹黑明星的粉絲。

第一章　「日本精神」與村落社會

「皇民」就是「日本精神」？

日本精神。

這幾乎是近年談到台日友好時最常被提起的主題之一。許多親台的日本朋友——尤其是老一輩的日本人拜訪台灣之際，經常讚嘆在日本已經失去的精神遺產，卻在台灣以「日本精神」這種形態留存在超過八十歲的日本教育世代身上。所以許多日本保守派的朋友們，極端推崇李登輝這位曾為日本陸軍將校、到二十二歲為止都作為帝國臣民「岩里政男」度過其人生的台灣總統，甚至將之視為偶像。理由也很簡單，因為他們在這位台灣人的總統身上看到了舊式「理想的日本人指導者」模範。

作家司馬遼太郎的作品《台灣紀行》，絕對是李登輝廣受日本注目的契機之一。這位日本極富盛名、同時是我個人極為推崇的國民作家，在其晚年探討日本各地風土的《行走街道》（街道をゆく）系列中，將韓國與台灣這兩個舊帝國時代的領土也列入日本的「街道」(地方)中，並且在台灣部分放了極大的敘述比重。在本書中，描述時任總統的李登輝先生就佔了兩節，甚至卷後還特別附上司馬遼太郎與李登輝間的對談錄。日後漫畫家小林善紀的《台灣論》，更在日本引起了一陣重新認識台灣的浪潮。

《台灣紀行》中司馬遼太郎用一貫觀察細微且帶著些許文學性哀愁的筆觸，道出台灣這塊土地的矛盾與日本時代的殘存風采。有時帶著幽默輕描淡寫地說著台灣人的大而化之，有時又帶著憐憫訴說這些住民五十多年來的苦悶。但更多時候在司馬眼中看到的是台灣所保留的「已失去的日本精神」，而這些特色的集合體，就是在司馬面前用日語流暢地訴說自己生為台灣人「場所的悲哀」(場所の悲哀)，和堅持著「公」與「私」分際的哲學家李登輝[1]。這些日本傳統希望上位者具有的特質和美德，在今日日本政壇早已消失殆

1　司馬遼太郎(1995)《台灣紀行》台灣東販 P97-126。

盡。這也是司馬、或許許多多日本人對李登輝感受到親切感的最大源頭。同樣出現於書中的何既明、許文龍、「老台北」蔡焜燦等「元日本人」們，也成為司馬和日本友台人士眼中的「日本精神」守護者。

但是，這些「元日本人」們的特質真的是所謂的「日本精神」嗎？

講到日本精神，許多人首先聯想到的用詞就是「皇民」。也的確，李登輝和元日本人們正是出生成長在昭和初年這個皇民化如火如荼的時代。但是借用司馬遼太郎的說法，就知道昭和初期根本算是一種「異質」的時代——若從歷史連續論的觀點來看，昭和異常論這種說法當然有點不負責任，但是昭和是近代化國家對國民施加強大壓力的時代，卻是不容否定的[2]。這種對內的強大壓力擴散至「外地」台灣的結果，就是皇民化運動。而李登輝等日本人世代也一半算是皇民化下的產物。

在台灣新生代成長過程中所受的教育，對於日本有相對客觀的評價。年輕人在反抗殘存舊思維的同時，就算被冠以「皇民」稱號亦不為意，熱衷日治時代的追溯體驗和重新評價、並從中確立台灣這塊土地主體性的思潮，已成為現今年輕人間的主流。不過對我這個已經頭洗下去、一生應該和日本關係難分難捨的台灣人來說，其實皇民並不是一個好聽的詞。作為凡事以大中華思想自限自卑的反諷，皇民這個詞在現今有不同於上述的存在意義。

但是，如果說台灣皇民世代的特性就是所謂的「日本精神」，那我也要提出一個大大的問號：因為這個前提假使成立，那與昭和日本國民特性大不相同的江戶期、戰國時代、甚至還有大量「渡來人」進入日本的飛鳥奈良時代的日本人，不就都沒有「日本精神」了？而且就像司馬遼太郎以教育敕語為例說明昭和國家用來壓迫國民的「壓縮空氣」[3]一樣，倘若日本精神代表的是日本文化的主要構成元素和日本人的深層心意，那麼我們更不應該把被「壓縮空氣」壓得喘不過氣的時代當成基準。但是很遺憾的，對台灣影響深

2 司馬遼太郎（1999）《昭和という国家》NHK出版 P64-80。

3 編按：相關細節描述請參見本書第八十七頁。

遠的昭和[4]正是這麼一個時代，早先的明治[5]也是為了對抗俄羅斯、全國忍耐國防預算重壓的非常時期，反而是兩者間短暫的大正時代才有曇花一現的民主熱潮。總之，如果皇民就是日本精神，那麼江戶時期把「公儀」（一般對於將軍的稱號）當成最高權力主宰，僅僅漠然地認識到天皇家存在的百姓們不就是「非國民」了？但是剛才我們也說過了，昭和時代雖然特異，但是它其實承繼了過去的日本演化軌跡。軍國皇民時代的出現，或許也是日本文化中某種元素長年累月作用下蓄積出來的結果。

所以如果要探討出真正的日本精神，重視的不該是皇民的昭和時代，而是應該研究製造出昭和時代那種「壓縮空氣」的主要組合成分是什麼。

在台灣，真正的皇民世代應該都超過八十歲以上。這些接受日本教育的皇民們，也真的和年輕他們一個世代的六十多歲人幾乎是不同種族。皇民們重視禮儀、重視細節，或許還帶著一點男尊女卑和不苟言笑的氣質，但是他們「認真」的特質倒是很難讓人否定。不過就算如此，「皇民＝日本人」還是一種不正確的認識。要從台灣皇民找到現在日本已經失去的日本精神，很容易流於懷古主義的幻想。就像台南著名的「飛虎將軍廟」一樣，這座祭拜日本人為神明的廟宇在台灣當然非常奇特。不過在經過六、七十年的歲月後，廟裡的飛虎將軍——於二戰時殉職的日本零戰飛行員也早就被融入了台灣民俗信仰的神明體系中，成為當地保生大帝的手下。在「成神」的緣起故事裡，飛虎將軍的飛機遭美軍炮火毀損，為了不讓飛機掉在村落中央造成重大傷亡，於是他延遲自己的跳傘時間，才被美軍擊斃。這個日本人在台灣成神的故事，是研究台灣民俗特性的極佳素材。可是想在台灣追求「失去的日本精神」——其實是戰前的大東亞戰爭時代國民性的日本朋友們，卻很容易因為自己心中的浪漫而戴上有色眼鏡，結果飛虎將軍在日本的文獻中成為了「駕機撞向美軍飛機同歸於盡」的神風式自殺者，還被解釋成和「關公一樣

4　編按：一九二六到一九八九年。
5　編按：一八六八到一九一二年。

具有忠義精神」[6]。這樣的解釋除了偏離事實外，也無助於了解台灣皇民世代的真正心境。如果我們把這種出發於善意的誤解當成是對「日本精神」的認識，那只會離真正的日本精神越來越遠，無法讓我們理解日本文化的真正底流。

各種日本文化論裡主張的「日本精神」

在經過慘痛的戰敗後，所謂的「戰後」對日本而言，同時也是個重拾舊日榮光的經濟復興過程。在被戲稱為「經濟動物」的同時，哈佛大學教授傅高義於一九七九年所著的《日本第一》(Japan as Number One: Lessons for America)開始注目到這個昔日東洋唯一的列強，並且在泡沫經濟時代尚未開始前，就預言了此一戰後全力發展經濟的舊日美國敵人的興起。隨著日本的存在感和影響力增加，日本國內前後出現了千冊以上的日本文化論相關書籍，其中潘乃德（Ruth Benedict）的《菊與刀》（The Chrysanthemum and the Sword）[7]、土居健郎的《日本人的心理結構》（甘えの構造）[8]、中根千枝的《縱向社會的人際關係》（タテ社会の人間関係）、李御寧的《日本人的縮小意識》（「縮み」志向の日本人）是幾本重要的著作[9]，國民作家司馬遼太郎後期的散文著作群更是把「何謂日本人」作為最大的討論主題。同時代的梅原猛、梅棹忠夫、樋口清之、甚至是唐納德·基恩（Donald Keene）等人文系學者也都有對日本文化論的探討。司馬和基恩還進行過日本人與日本文化的一系列對談[10]。

6 名越二荒之助・草開省三（1996）《台湾と日本交流秘話》展転社　P171-175。
7 編按：全新修訂之繁體中文版，二〇一八年由遠足文化出版。
8 編按：繁體中文版即將於二〇一九年由遠足文化出版。
9 李御寧（2007）《「縮み」志向の日本人》講談社　P13。
10 司馬遼太郎、ドナルド・キーン（1972）《日本人と日本文化》中公新書。22。

讀《日本風景論》——相似的地形無法孕育出相同的特質

探討日本精神底流的論述，通常都帶有強烈的日本國族意識，這種探討的著手方法和注目重點也因為每個學者的主張而不同。像國家主義意識強烈的地理研究者志賀重昂就提出所謂的《日本風景論》，以儒學者大槻磐溪的「江山信美是吾州」破題，強調日本因為氣候海流多變化、水氣多、火山岩地形、強烈的水流侵蝕地形等四個地理要因，進而歸納出瀟洒、美、雄壯等三種特質。這位和內村鑑三、《武士道》的新渡戶稻造同出身自札幌農學校的學者，其以自然環境為起點論述日本文化的方法論也影響了後來的名學者和辻哲郎和梅棹忠夫，更在明治末年極諷刺地成為日本向外擴張的理論基礎之一[11]。姑且先不詳述志賀重昂的風景論內容，光看論中的日本四要因，不知道大家有沒有和我一樣的疑問：

氣候海流多變化、水氣多、火山岩地形、強烈的水流侵蝕地形。這四項

不也是台灣的地理特性嗎？那麼為什麼我們台灣就沒有產生瀟洒、美、雄壯這三種和日本一樣的特質？

這當然不是在貶低台灣。台灣固然有台灣自己的缺點，但也有我們獨特的良善之處，因此我一直覺得生為一個台灣人其實比日本人開心很多。不過正如我前述對台灣的情感，人只要越熱愛自己的國家，就越容易導出「我們國家是世界最美」的結論。這點在志賀的持論也可以看到，所以台灣人有這樣的想法也無可厚非。不過，偏執著於自己國家的優美，卻忽略了其實這些我們認為「獨一無二的文化」也可能是他國擁有的要素，就是風土論最容易出現的缺失。瀟洒、美、雄壯這三個特質中的「雄壯」，如果和中國大陸過去幾千年的歷史軼事相比，可能就沒那麼獨特，只有瀟洒和美學意識的確可以視作日本的特殊文化。但是《日本風景論》的立論不管再怎麼嚴密，如果

11 大久保喬樹（2003）《日本文化論の系譜—《武士道》から《「甘え」の構造》まで》中公新書 P8-

地形的四要素並非日本獨有，那麼導出三特質的過程也只能說是志賀思想裡的完美邏輯，而不一定真的是日本文化的原型了。

讀《武士道》——江戶時代公務員的道德規範並非舉國準則

為了克服這種缺點，要更完整詮釋「日本精神」，更總體性的文化考察就有其必要了。而所謂日本文化論的產生，除了像樋口清之所著的《梅干與武士刀》般，是針對美國觀點的《菊與刀》以重拾日本自信心和獨特性的「自我再發現」外，最早皆是奠基在相對於世界他國的日本形象確立上。新渡戶稻造的《武士道》就是成書於這樣的背景，在西洋價值席捲世界、日本看起來還只是個文明後進國且凡事都比不上西方列強的明治時代，日本急於找出一個可以和西洋抗衡、足以確立日本主體性的最高價值，於是「武士道」此一規定江戶時代公務員（對，就是武士們）的道德規範就在這種背景下被擺上台。

武士道的美德

禮

禮儀即使只是讓舉止優美，也有很大的裨益。況且其功能不止於此。禮儀因仁愛與謙遜的動機發生；因對他人的溫柔感情而做動作，因此，常是同情的優美表現。

誠

若無真心與誠實，則禮儀只是鬧劇及裝模作樣。武士高超的社會地位，被要求比平民百姓更高的信實標準。其重然諾，約定不必立約，卻可履約。若以文字書寫證明，武士會認爲不適合他的體面；若武士撒謊，會如許多物語中透露的以死償還。

名譽

要求武士爲了名譽而願意付出一切，又要具有分清是非保持忍耐和堅忍的品行。

勇

若非以正義爲基礎，勇氣鮮少被視爲是有價值的。若爲不值得一死之事身亡者，將被貶低爲「犬死」。

仁

自古以爲愛、寬容、愛情、同情、憐憫是最高超的德行，即人類靈魂屬性中最高的。

忠

任何生命即使爲它犧牲都在所不惜，這就是武士對主君的忠義。這是結合各種元素，建構出封建道德拱橋的重要礎石。

克己

武士將感情表露在外會被認爲不像男子漢。「喜怒不形於色」是用來描述偉大人物的特質。

義

武士戒律中最嚴厲的教條。對武士而言，最忌諱的是卑劣的行爲及不正的舉止。

（資料整理：遠足文化編輯部）

事實上，整個江戶時代的士族（包括武士及其家族）比例從未超過百分之十五，雖然士族的確是舊時代的行政最高階層，但是最高階層的道德規範可以帶給整個國家多大的影響，有時很難估算。因為其實「百姓」——也就是農民，亦有自己的價值基準；從事商業為主的「町人」另有如近江商人所尊崇的「三方好」[12]、「陰德善事」等相較於武士道高尚程度絕不遜色的哲學。新渡戶稻造的《武士道》雖然至今仍為解讀日本文化的名著，但是在研讀書中內容時，絕對不能忽視成書背景的當時日本急於自我確立的焦急感。正如新渡戶本人在書中所說，在提到日本文化時「小泉八雲（著名的外籍日本民俗學者）等人就像律師或檢察官一樣，而新渡戶覺得自己就像被告般只能努力為日本辯護[13]」。這也是為什麼《武士道》一書會以英文寫成，更不容漠然置之的是在這句話背後面對強勢西洋潮流的抵抗意識。

雖然說在這種背景下產生的《武士道》，就今天來看實在有些「西洋有騎士精神那我們也有武士道」的「硬要」之感，但這並非否定本書的價值或主張

武門的道理

御恩	即主君保障屬下的領土支配權，或是賜予其新的土地。前者稱爲「本領安堵」，後者則是「新恩給與」。鎌倉幕府成立後，幕府會以任命御家人爲領主的形式施予御恩。
奉公	即屬下爲主人付出的軍役及經濟義務。鎌倉幕府成立後，御家人擔任了武家的角色，負責提供軍力與警備。

（資料整理：遠足文化編輯部）

武士道不曾存在於日本。只不過書中提到「忠」「孝」為日本道德的兩大支柱，以及孟子長年被視為禁書但是孔孟之教是武士道的重要根本等論述[14]，其實都有再討論的空間。因為這種說法其實只適合於江戶時期作為行政人員的武士規範，如果真的要探討發生於平安時代後期的「侍」（SAMURAI）的道德體系，則不能不提武門的「道理」這種側重實際

12 編按：意即買方好、賣方好、世間好。

13 新渡戶稻造．林水福譯（2018）《武士道》遠足文化。

14 新渡戶稻造．林水福譯（2018）《武士道》遠足文化。

的倫理精神。在強調「御恩」和「奉公」的倫理中，「忠」經常遠遠淩駕「孝」之上，平安時代末期源賴朝之父源義朝奉了天皇之命親自監斬親生父親源為義就是一個例子。

孟子由於其易姓革命的主張與萬世一系的天皇家傳統相違背，的確在鎌倉時代前較不為人所知。但是至少在南北朝時代的後醍醐天皇等人進行倒幕運動時，孟子已然成為其理論基礎中的一環。江戶時代的儒學者之中，亦不乏對孟子頗有研究者。大名鼎鼎的維新啟蒙者吉田松陰，最有名的著作就是講解孟子的《講孟箚記》。另一個發展出垂加神道[15]的儒者山崎闇齋，也和吉田松陰一樣愛讀孟子但同樣否定其中的易姓革命說，關於他還有個經典的小故事。山崎某日質問自己的眾弟子「我們都是信奉孔孟之道的學徒，如果遇上中國以孔子為大將、孟子為副將的大軍攻來，是該投降還是該抵抗？」想當然耳，弟子們答不出來。山崎的回答是這樣的：

「我們當然是要努力作戰，或是把孔子孟子打敗之後抓起來，又或者當場把這兩位聖人殺死在戰場上以報國家。這才表示我們真正遵守了孔孟之道」。

我想這個回答，才真正內含了日本的武士道精神。

另一方面，《武士道》一書中也強調「貞節對日本女人來說是最高的榮譽，武士經常告訴自己的妻女在受辱前一定要自殺以保名節，而女人們也因此學習使用薙刀等來保護自己。並且都擁有父、夫所給予的短刀，必要時自刺咽喉來解決生命」[16]。這樣的說法，很難不讓人感覺是為了對抗騎士精神中對於女性的尊崇。雖然在下一章節我們會仔細解說，但是有個重要的觀念一定要先提出來——那就是在明治時代之前，日本女性的「貞節」才不是什麼重要的東西，甚至男女之情就像《源氏物語》裡堪稱混亂的兩性關係一

15 編按：江戶時代前期由山崎闇齋提倡的神道說。為儒家神道的一支，與吉川神道、伊勢神道齊名。

16 新渡戸稻造．林水福譯（2018）《武士道》遠足文化。

樣，根本就是日本王朝美學中最崇高的價值。在鄉間田野，從今天的角度來看根本是「性解放」的風俗也不在少數。

如果貞節是武士道中女性最高的價值，那就很難解釋到江戶時代初期為止女性不把改嫁或再嫁當一回事的傳統。比方說織田信長的妹妹阿市就是先死了老公淺井長政之後，又嫁給了信長手下大將柴田勝家；豐臣秀吉更是為了和德川家康結親，強迫自己的妹妹和丈夫離婚，然後將這個年紀已經很大的妹妹硬塞給德川家康，最終家康也還真的接受了。在這些案例中，女性不過是男性的附屬品和工具而已。就算藏著懷刀遇到敵人準備自殺，也是為了害怕受到敵人、甚至身分低下的雜兵污辱、為了保全面子而生的自殘行為。也就是說，這些都是從女人作為男性的附屬物出發，以顧全家族中武士為目的的舉動。的確像司馬遼太郎常提到的，明治之後的新日本能夠瞬間成為列強，有許多部分倚靠的是江戶時代培養出來的舊武士美德。但是若把武士道當成是日本精神的代表，那不免就和在台灣把昭和時代的特異性當成「日本精神」一樣，犯了過度強調江戶時代的謬誤。

不過新渡戶稻造除了對台灣建設有所貢獻外，他的《武士道》也給了另一位外國人重大的影響。這位外國人就是民族救星「蔣總統」的好朋友兼……呃，好同志戴季陶先生。

很意外的，戴季陶這位蔣總統留日期間的學友其實日文超棒，還寫了一本不錯的《日本論》卻很少人注意到。《日本論》一開始就言明了中國人必須研究日本的必要性，但是在日本的國體論和宗教、歷史演化論上卻明顯受到時代的左右，過份評價國家神道強調的神國論和神道教在歷史上的影響力[17]。此外在武士道和町人道德的部分，戴季陶受到《武士道》相當程度的感染，他盛讚武士的品德而把商人（町人）視作現實、殘酷的族群[18]，這當然也無視了「町人道」以及幕末心學這種實踐性的道德體系其實發源自大阪

17 戴季陶（2017）《日本論》香港中和出版 P23-52。

18 戴季陶（2017）《日本論》香港中和出版 P53-63。

町人階級的事實。不過最有趣的，還是書中關於首相桂太郎和《坂上之雲》名將秋山真之的兩節了。戴季陶提到中山先生和桂太郎「互相佩服到了極點」，桂太郎死前的遺言是「未能倒袁扶孫，成就東方民族獨立之大計，是我生平遺恨」，而且兩人在桂太郎第三次組閣時還特地密談了兩次，談話內容都由戴季陶完整記錄下來；秋山真之更是孫文「生平最好的朋友」、「對於總理的革命事業不管是物質或是精神上都大加援助」；袁世凱被日本排擠的原因則是因為他「不聽日本的指揮不向日本屈服」[19]。

以上是題外話。不過可供各位讀者在被罵「日奴」「皇民」時，把上述這段話塞回對方嘴裡。而我真正要強調的，是《武士道》在外國人對日本認識上的強烈影響，以及其後觸發的各種來自外部的日本文化論述。

讀《菊與刀》——「眾人」成為代替「唯一神」的懲罰者

另一方面，對於日本這個亦敵亦友的存在，美國對其文化也不曾疏於研究，潘乃德的《菊與刀》就是箇中的代表。本書出版於戰後的一九四六年，內容則是二戰時潘乃德為美國收集日本情報所作的研究報告總集。簡單來說，在潘乃德的論述中相對於西方基於一神教信仰產生的「原罪文化」，日本文化的原流則是「恥之文化」。也就是說日本的道德觀集中於不為自己或身邊的人帶來恥辱。日本人會有如復仇、切腹自殺、甚至神風式毀滅攻擊等行為，都是因為恥辱加諸於自己身上時的反擊機制。另一方面，戰敗後的日本人能夠快速向「新主人」GHQ效忠卻不以為意，潘乃德的解釋則是因為戰敗後「獲得世界尊重」成為日本人的新正義，這是日本人為了追求新正義下

19 戴季陶（2017）《日本論》香港中和出版 P128-163。

的名譽而採取的行動[20]。

但這畢竟是來自外國人的觀點。曾經被英軍在東南亞俘虜多年、日後明言「不喜歡歐美」的學者會田雄次對於潘乃德的論點就相當不認同。首先，會田認為「恥之文化」的確存在，戰後日本人的變貌之快也的確讓外國人匪夷所思，懷疑這真的是之前駕機衝撞敵人軍艦的民族嗎？但是會田同時質疑歐美不一定人人皆有原罪意識，真正掌控人心的道德，應該是一神教中如同死後地獄般的「罰」，而日本失去「恥」的例子亦不少見，失去羞恥心後的表現同樣極端下流。此外，日本還有個名為「世間體」（眾人的眼光）的恐怖懲罰機制。對大阪商人來說，最重的懲罰就是「在滿座眾目睽睽之下被恥笑」。會田還舉出了有名的故事為例：某間大型和服店失火，延燒整個江戶演變成大火。火災當下，掌櫃對老板說「請安心，因為我們用土把倉庫的窗戶封死，所以自家的貨物都不會被燒毀。」結果老板這麼回答：

「我們店是出火處，你們怎麼還敢作這種事！如果只有我們的倉庫留著

沒事，我該如何面對世間啊！」

然後就推開阻止的眾人，自己跳進火場裡了。

換言之，相對於具有原罪意識的文化，在此「眾人」成為代替「唯一神」的懲罰者[21]，亦即日本擁有的不應該是「恥之文化」，而是「世間體的文化」才對。基本上我也認同會田的論點，因為就算是上述敗戰後日本人態度的轉變，其實也可以用「世間體」的原理來解釋。在昭和軍部橫行的時代下，怕死或逃避戰爭便會遭受周圍所有人的嘲笑、攻擊，但在敗戰之後，由於軍部這個壓在國民頭頂上的強權組織消失，對新主人GHQ的效忠便不再被責難。也就是說，與其認為日本人名譽與羞恥的意識改變，不如說是因為局勢的變換，讓整個「世間體」的標準改變，一般人不過就是因應這種改變行動而已。

20 露絲・潘乃德（2014）《菊與刀》遠足文化 P263。

21 会田雄次（1972）《日本人の意識構造》講談社 P135-148。

讀《日本人的縮小意識》——自殺式攻擊源於無總體戰觀念

在外國人的著名日本文化論中，還有一位曾擔任過韓國文化部長的著名學者李御寧。在《日本人的縮小意識》中，李御寧提到過去日本文化論述只重視日本與西洋間的比較，卻忽略了東洋間例如與朝鮮、中華文化間的比較觀點。書中李御寧對過去廣受日本人推崇的各種論述大加批評。例如土居健郎的「甘え」（接受對方的好意）理論只是不存在於英語世界，但是在韓語中卻有類似概念且分類更為細緻[22]。學者樋口清之所主張「先進文明國中只有日本在吃海草」跟梅棹忠夫等人所主張「日本利用人糞作為肥料的完美農業再生利用方式」也被李御寧解釋成「為了彰顯日本獨特性而產生的謬誤」[23]。

在李御寧的觀點裡，日本人真正的特性是「內縮性思考」，凡事都往精簡和縮小發展並將之視為美學。基於這種思考，豐臣秀吉的遠征才會缺乏遠大戰略，一無所獲，二戰時的軍部也因此邁向失敗之路。這種精簡志向更致使日本沒有總體戰的觀念，故寄望「一擊必殺」式的乾坤一擲，才會導致神風特攻隊式的悲劇[24]。而這種民族特性李御寧認為並非起源於過去日本的「島國根性論」[25]，因為同是島國的大英帝國曾經是全世界擴張志向最強的民族。李御寧認為日本的技術、力量及所有民族特性，都出自於日本人精簡和向內集中的特質。那些在社會上無法被集結於框架內的人，則會遭遇「村八分」（被所有人排擠）的悲劇[26]。

除了這些外國研究的日本文化論外，著有《縱向社會的人際關係》的中根千枝也是歐洲訓練出來的人類學者，並且長年以印度社會作為研究對象。也因為和印度、歐洲相互比較，中根發現日本社會的特徵是由異質性成員所

22 李御寧（2007）《縮み志向の日本人》講談社 P14-17。
23 李御寧（2007）《縮み志向の日本人》講談社 P17-20。
24 李御寧（2007）《縮み志向の日本人》講談社 P327-330。
25 李御寧（2007）《縮み志向の日本人》講談社 P31。
26 李御寧（2007）《縮み志向の日本人》講談社 P89-90。

集合的縱向組織特別強大，同質性成員所組成的橫向組織則相對不發達[27]。正因如此，日本社會充滿「內」「外」間的區別，並且對於自己所屬團體以外的人相當冷淡且不相往來。的確，如果觀察一下古都京都居民的特性，會發現中根所說的似乎很有道理，也可以解釋很多日本社會的特殊之處。但是對於日本是「縱向社會」的這種學說，其實從過去以來我就充滿了質疑。究竟日本是不是由上至下的強力縱向社會，容我們在後面的內容再詳加探討。但是無論如何，這本著作已經成為日本文化研究的經典之一。另一方面，醫師出身的土居健郎所提倡的「甘え」概念，就是一種「順從對方好意」的深層心意。簡單講就是說當對方說出一句話時，日本人必須體會到這句話背後的體貼心意而非照字面解釋，然後再作出合宜的應對來維持人際關係的圓滑。

不照字面解釋而去推算對方心意，或許對沒有「甘え」文化的台灣人來說並不是那麼好理解。但是如果舉個反面例子的話，我想很多人馬上可以了解其中奧妙。這個例子就是台灣人常說的「再來我家玩啊」、「一定一定」這種對話。

雖然概念完全不同，但是一般台灣人都知道，用這種對話邀約的人只是隨便說說，應答者也只是順口回答。不過在這段對話裡，並沒有人不把對話者的關係當一回事，而是邀約者出自一種禮貌，應答者也不一定真的會去，但是不這麼回答的話就會失禮。於是在這種暗默的理解下對話就此成立。在日文中這種感情稱為「察し」，也就是人際間的默契。這種默契如果在正面方向下成立，就是所謂的「甘え」。土居之所以會察覺到這種感情，是在某次訪美之際，被主人問到「肚子餓不餓，家裡有冰淇淋你要不要」，結果土居雖然想吃，但是又覺得剛見面就馬上跟人家要吃的這樣不好，於是就回答了「我不餓謝謝」。結果主人聽到之後回答「喔」，就真的沒拿冰淇淋出來了[28]。

27 会田雄次（1972）《日本人の意識構造》講談社 P121。
28 土居健郎（1971）《「甘え」の構造》弘文堂 P15-18。

這個體驗讓土居受到了很大的文化衝擊。因為身為日本人的土居認為自己應該要客氣，對方也應該要體會到自己的客氣、再次繼續詢問土居的意見。結果對方認為「你說不要那就是不要」，結束了這個對話，這讓土居有點被人家「打槍」感覺。此一文化衝擊也讓土居發現了日本社會中的「甘え」原理。雖然「甘え」原指小孩對父母撒嬌的行為，也就是台語中的「司奶」（sai-nai）——當然，小孩就是知道父母很愛自己才敢撒嬌——但是引伸到整個日本社會，意即「事先理解對方對自己的善意，然後作出依賴對方善意的行為」。土居說明「甘え」的最高等事例，就是明治時代的大日本帝國憲法。明治憲法明訂大日本帝國的主權為天皇擁有，天皇行使主權但由臣民輔弼。也就是說天皇在立場上期待帝國所有事務皆由臣民們為其處理，可是在身分上全國臣民又從屬於天皇。

所以如果從依賴度來看，天皇幾乎就像個嬰兒般需要臣民們的輔助，但是在位階上，天皇卻身處最高峰。這同時暗示了日本社會居高位者必須依賴其下所有人一同輔佐的「理想領導者」形象[29]。這種說法不但呼應中根千枝的日本領導者論，某種程度也說明許多學者在理解日本權力構造時所提到的「神聖的中空」。神聖的中空正是日本獨特的現象，指的是在眾人皆認同的大前提下，大家一起達成某種共識的日本式決策方法。在這種決策方法下，被推舉出來的領袖會被當成最高象徵，但卻必須依靠底下成員的「意見一致」才能下達指令。這也是為什麼許多外國學者認為昭和天皇是戰爭的最大責任者，但GHQ一方面顧及日本人「國體護持」的感情，一方面在調查之後也發現昭和天皇似乎不是當時真正能主導帝國的決策者而未加以懲罰，形成代表者沒下命令、真正執行者卻自認是為天皇效忠這種奇特現象的原因。

土居針對潘乃德的「罪與恥」之說，提出了和會田雄次異曲同工的見解。土居認為潘乃德所謂西洋之罪、日本之恥的二分法太過武斷，雖然不像會田

29 土居健郎（1971）《「甘え」の構造》弘文堂 P87-97。

雄次進一步提出「罰」的觀念，但是他主張日本人不是沒有罪惡意識，但其罪惡意識並非來自內心與上帝的相對，而是「背叛自己所屬團體的罪惡感」——潘乃德把這種情感解釋為「恥」。這也是為什麼日本人會有「旅行時就丟掉羞恥心」的俗語，因為在旅行處就不會有所謂所屬團體的問題存在。再者，日本人最有名的口頭禪「すみません」（對不起）同樣來自這種感情，由於內心總害怕對所屬團體的虧欠，這種罪惡感才會促成外在包括切腹等「謝罪」行為[30]。就像剛才提到的，「甘え」的感情必須建立在得以體會對方善意和相互間的默契上。土居認為現代日本種種的殘虐事件和倫理崩壞，就是起因於這種「甘え」感情的消失。

從這些研究我們可以看到，如果從社會學的角度來探討「日本精神」，會因為研究者的背景和側重之處有不同的解釋與觀點，也沒有一個統一的答案。那麼是否有可能綜合這些觀點，找出一個日本人特性的最大公約數？其實，這個作業就是本書最大的主題。為達成上述主題，除了對現狀的探討外，以時代排序的歷史文化論點也必須考量進去。接下來就以我個人相當喜歡的作家司馬遼太郎與其周邊論述，試著找出真正的日本精神。

司馬遼太郎的日本文化論

除了上述偏向社會學理論的日本文化論之外，其實在日本還有另一種偏重歷史、民俗的研究觀點。其中影響大眾較深的，首推國民作家司馬遼太郎了。

許多讀者都知道，司馬遼太郎是我非常敬佩的一位作家。除了他身為通俗文學而非純文學的作者、同時亦非學者的身分，卻帶給後世比許多專門家更多更大的影響力外，就我個人來說，司馬遼太郎的《這個國家的原型》（この

30　土居健郎（1971）《「甘え」の構造》弘文堂　P75-86。

国のかたち）更是讓我從一個普通留學生開眼，立志從事日本研究的生涯之書之一。連我之前的兩本著作《表裏日本》和《風雲京都》的日文副標題，也是為了向這位探討日本文化原型的大家致敬而命名。在前面的篇幅中，我曾經提到司馬遼太郎《台灣紀行》談論到的所謂「日本精神」——但是如果問我的話，我會說要了解真正的日本精神不是看《台灣紀行》，而是《這個國家的原型》。

提到司馬，很多日本人馬上會聯想到另一位學者梅原猛。梅原猛是京都學派的泰斗，同時也是司馬的好友。但是這位好友卻因為對司馬描寫大師空海的小說《空海的風景》進行強烈批判，讓兩人一度反目。在司馬死前不久與其和解的梅原猛，於司馬的追悼文集中是這麼描寫這位「國家作家」的：

國民作家具有四個要件。因為司馬完全達成了這四個要件，所以絕對可以稱其為與吉川英治相提並論的國民作家：

一、不問上下老女男幼，作品受到國民廣泛喜愛

二、教導國民人生的意義並給予生命上的啟示

三、觀察人生的觀點絕不偏倚，並符合當代的良知良識

四、具有適度的幽默和有節制的情色元素[31]。

著有《坂上之雲》、《燃燒吧劍》等暢銷作品的司馬，作為受國民青睞的作家是無庸置疑的。不過除了國民作家外，讓司馬知識人地位更加穩固的，其實是他在一九八七年停寫小說後執筆的散文及隨筆作品。在完成了最後的小說《韃靼疾風錄》後，司馬就不再撰寫小說，而把評論活動視為其作家生涯晚期的主要工作。除了以時事為中心的《風塵抄》和以地方風土為主題的《街道行》外，《這個國家的原型》主要是以文化批評、總合性日本論為主，其內容包括了人物評論、地域觀察、物質論、民俗考察等廣泛範圍。這本著作不只可以作為一般日本人的通識入門教材，如果海外的日文學習者具有相

31　文藝春秋（1999）《司馬遼太郎の世界》文藝春秋 P337-338。

當的基礎知識，也可以拿來作為優良的日本文化讀物。在台灣，雖然已有不少人透過《台灣紀行》認識司馬遼太郎這個作家，卻幾乎沒有人提到這位大師生涯末期的最高傑作。司馬在日本對於大眾的歷史觀影響至深，甚至還因此出現了「司馬史觀」這個名詞。所以作為一個私淑的司馬腦粉（笑），介紹一下這部作品當然也是相當合理的。

況且，這部作品也確實在日本文化論的眾著作中佔有一席之地。

光輝燦爛的明治 陰濕悲慘的昭和

一九八六年至一九九六年司馬過世為止，每個月他都在雜誌《文藝春秋》上連載散文〈這個國家的原型〉。與同期連載的〈風塵抄〉相比，〈這個國家的原型〉更強調公私間的分際和道德觀的思考。司馬當時是「以類似寫信的方式來表達自己感受到的種種事物，重新抽取出其樣貌再以說明文的型式嘗試書寫。」[32]他不使用「日本」、卻刻意用「這個國家」這種名稱，則是為了強調身為日本人的自己，在探討日本文化時欲保有的客觀性。司馬將〈這個國家的原型〉的主角設定為「作為國家或者作為地域，或說作為社會的日本」[33]，並且自「從別的星球前來日本旅行，將這個國家的風俗、習慣或是思考及行動的基本原型重新整理。如果可以的話，就抽取出當中的精華，提煉出其『原型』，再重新混合」[34]角度切入。在此前提下，《這個國家的原型》全六卷裡共收錄了以下內容：

人物十一編、地域十四編、中世史五編、近世史十七編、近代史二十七編、宗教與思想二十六編、藝能與語言十四編、民俗與風土二十六編。（筆者整理）

32　司馬遼太郎（1993）《この国のかたち（一）》文藝春秋　P284。
33　司馬遼太郎（1997）《この国のかたち（四）》文藝春秋　P268。
34　司馬遼太郎（1993）《この国のかたち（二）》文藝春秋　P282。

你看，我就說我真的是司馬遼太郎腦粉。

《這個國家的原型》裡的中心要素其實是①日本思想的外來性②昭和期軍國主義統帥權的暴走和其誘發原因③到國家神道為止的古神道系譜[35]。針對第一點，學者山折哲雄也認為日本因島國地形無法擁有具普遍性的思想，所以必須經由外部（主要是中國）輸入儒教、佛教和朱子學（是的，嚴格來說朱子學是不同於儒教的另一種學問）等思想，進而支持司馬的觀點[36]。司馬本人將從唐朝輸入真言密教的空海視為日本史上第一位「國際人」[37]，因此才會寫出《空海的風景》。但是在《這個國家的原型》提及佛教教義的內容部分，僅僅於〈華嚴〉一節中寫到空海的真言密教對抗奈良佛教的特徵，整本著作有關佛教的部分反而是把重點放在淨土真宗等鎌倉新佛教教派上。對明言《空海的風景》是自己最喜愛作品的司馬來說，這有點不太自然。但是如果從《這個國家的原型》的主旨看來，相較於輸入純粹密教的「國際人」空海，將重點放在鎌倉新佛教這種「日本獨特的宗教」反倒理所當然。此外，書中有關密教的內容與系統化的正統密教相較，這部作品更重視諸如「聖」（以為人祈禱和作法謀生的旅行僧）一類民間宗教者的存在。雖然當中思想要素的系統缺乏和不明確受到了學者福田和也的指責，遭批評本書把朱子學和尊皇攘夷思想直接連結，太過於跳躍[38]，但是時代原本就由一個民族的「大眾」牽引，而一般大眾也並非每個人都有明確的思想存在。另一方面，大眾思想向來混亂多元，司馬把這些多樣的元素整理出來的結果，當然不會像特定個人思想家般井然有序。意識形態和思想這種東西，是在個人腦中構築出的人造產物。集合每個人腦中合理的人造產物所聚合成的集體意識，本來就充滿了不合理和分歧之處。所以就算每個獨立的思想家思緒多麼完整、對於大眾

35　文藝春秋（2013）《司馬遼太郎全仕事》文藝春秋 P172。
36　文藝春秋（2016）《文藝春秋3月特別增刊号司馬遼太郎の真髄　この国のかたち》。文藝春秋 P61-62。
37　司馬遼太郎、ドナルド・キーン（1972）《日本人と日本文化》中公新書 26-33。
38　文藝春秋（2016）《文藝春秋3月特別增刊号司馬遼太郎の真髄　この国のかたち》。文藝春秋 P50-51。

的影響如何巨大，仍然沒有任何一個單一思想家的意識形態足以代表整個民族。就像尼采和康德再怎麼偉大也不能代表整個德意志，福澤諭吉和丸山真男也無法代表整個日本一樣。研究者所能作的，是將這些眾多的要素整理成一個大概的方向。而在這個前提上，司馬的作品群其實已具有極大的功績。

在《這個國家的原型》裡，明治之後的近代部分佔了相當大的篇幅，同時也包括許多與宗教、思想、民俗、風土相關的敘述。這些內容是藉以說明上述①的外來思想朱子學，如何成為尊皇攘夷的原動力，再打造出「輔弼天皇」的藉口，進而造成②的昭和軍部憑著統帥權暴走的過程。古神道的解說則是用來追求原始信仰形態的作業，以證明昭和時代的國家神道是不同於古神道的另一種人造怪物的事實。

誠如研究者成田龍一所說，《這個國家的原型》其實是經歷戰爭的司馬，對樂天主義的明治如何進入恐怖昭和前期過程的總體檢[39]。所以該書中近代之後的描寫共二十六編，關於統帥權有九篇之多。不過本書有關藝能與語言、民俗及風土的內容更高達四十編，換言之這本書不單純只是討厭昭和的「司馬史觀」產物。雖然司馬本身一直很討厭「司馬史觀」這個用詞，強調自己不是學者而是小說家，所以不希望大家使用「史觀」二字形容他的作品[40]。但是司馬本人也說過昭和前期是個「陰濕悲慘的時代」[41]，更明言「那個時代根本不算日本的一部分」[42]。明治末期的日俄戰爭讓日本得意忘形，創造出與其長久歷史脫軌的昭和時代，他甚至使用日文中不存在的詞彙「鬼胎」來形容這個時期。另一方面，司馬卻對明治帶著好感，認為明治期間的日本是「未成熟而帶著一點傻氣」的帝國主義；昭和則是被參謀本部「佔領」整個日本，致使國家進入一種「魔法森林」，慢慢被統帥權侵蝕了明治成果的時代[43]。

39 成田龍一（2009）《戦後思想家としての司馬遼太郎》筑摩書房 P342-354。
40 和田宏（2004）《司馬遼太郎という人》文藝春秋 P34。
41 司馬遼太郎（1993）《この国のかたち（二）》文藝春秋 P147-158。
42 司馬遼太郎（1993）《この国のかたち（一）》文藝春秋 P47。
43 司馬遼太郎（1999）《「昭和」という国家》ＮＨＫ出版 P13-24。

司馬眼中光輝的明治時代，其實早已種下日後敗戰的遠因。但是司馬把日俄戰爭視作「俄羅斯方面無從辯解的侵略戰爭，從日本開戰前後的國民感情來看，則帶有強烈的祖國防衛戰爭意義」[44]。其實從這些言論上，就可以看出司馬因為個人體驗而生的「禮讚明治、厭惡昭和」主觀意識。這種司馬史觀受到廣大攻擊，特別是左派學者中村政則對「光輝的明治」和「黑暗的昭和」這種二元對立主張大張撻伐，強調這兩個時代的非連續性是太過單純化並且無視國際情勢的思考[45]。針對司馬的明治光輝論和對於朝鮮半島作為日本對俄防線的看法，另一位左派學者中塚明也嚴加指責，認為這是合理化侵略行為的帝國主義理論[46]。不過另一方面，保守派評論家谷澤永一則是擁護司馬的論述，認為司馬史觀受到攻擊是因為違背了日本左派的自虐史觀[47]。司馬曾經作為戰車長實際參與戰爭，可說是昭和時軍部橫行的受害者，但是一方面他又未曾失去作為日本人的自豪。所以在這兩種心境的衝突下才產生了「日本人不可能一直都這麼蠢，以前應該也曾有智慧的時代」的思考。此一主觀意識其實很難論其對錯，不過正是這樣的心境，才讓司馬對日本全體的歷史和文化展開考察的旅程。其龐大的小說群和散文集，也正是這種考察的結果。

然而無論如何，司馬對於「人」、特別是「日本人」還是充滿熱愛，而這也是司馬作品對我而言具有無限魅力的理由。

「合理主義」和民俗學的思考——真正的「日本精神」為何？

上面提到的司馬良友、同時亦為「好敵手」的梅原猛曾經指出，司馬受到著名東洋學者內藤湖南的影響甚深。內藤除了是日本學的大家外，同時也是

44 司馬遼太郎（2015）《明治国家のこと　幕末・明治論コレクション》筑摩書房 P14。

45 中村政則（2009）《「坂の上の雲」と司馬史観》岩波書店 P154-159。

46 中塚明（2009）《司馬遼太郎の歴史観》高文研。

47 谷沢永一（2005）《司馬遼太郎の遺言》ビジネス社 P18-34。

何謂足輕？

在社會動亂的室町時代出現了並非武士但是拿錢打仗、毫無節操而且作戰時什麼都搶的足輕，他們是武裝陽春所以腳程很快的雜兵。

（資料整理：遠足文化編輯部）

中國通的漢學家，還曾在台灣擔任《台灣日日新報》的前身《台灣日報》主筆。內藤認為日本的獨特性產生於大部分時間都陷入戰亂的室町時代，也因為戰亂造成的殘酷現實環境，讓其後的日本發展出獨特的精神和不同於中國的文化，而這些文化的立足點就是強調現實和可行性的合理主義。

由於內藤對中華文化的深刻了解，他經常提到一條兼良這個人物作為例證。一條兼良的知名著作《日本書紀纂疏》，是以全漢文寫成的日本史書《日本書紀》注釋本，可見其漢學知識的深厚。最高曾擔任關白（日本王朝中人臣的最高位）的一條兼良，對平安時代以來形成的「有職故實」[48]這種日本王朝特殊文化肯定也相當熟悉。為內藤所重視的一條曾擔任當時將軍足利義尚的教師，並把教材寫成了《樵談治要》一書。在其著作中，一條除了教導當時還年輕的義尚各種治國之道外，為了巴結邀請自己來講學的頭家娘——也就是年輕將軍的媽媽、被稱為日本史上第一愛錢惡女的日野富子——還加入「自古以來婦人干政都不太好，但是如果本人OK那就OK」等內容，甚至提出應該禁止「足輕」階級這種不切實際的建議。

在社會動亂的室町時代出現了並非武士但是拿錢打仗、毫無節操而且作戰時什麼都搶的足輕，他們是武裝陽春所以腳程很快的雜兵。一條家視為至寶的龐大漢學、和風藏書就是被這些雜兵們糟蹋銷毀的。在內藤眼中，一條兼良這個人物代表的是過去僅將中國輸入文化稍加改變的古日本文化的消滅，和足輕這種破天荒階級所代表的時代重整和合理主義的抬頭。因此，要研究日本只需要探討應仁之亂（引發戰國時代的大亂）之後的社會，因為這些

48 編按：受到儒學明經道、紀傳道的影響所產生，考證日本歷史、官職、文學、朝廷禮儀、裝束傳統等的學問。

才是今天日本人可以親身體驗、而且真正脫離中國獨自發展的文化結晶[49]。所以許多學者也認為應仁之亂是日本的「重開機點」，比起亂前的平安、奈良時代，亂後的歷史才是真正讓日本具有自我特色的演化過程。但在重視聖德太子和親鸞思想、認為怨靈鎮魂、天台本覺論（主張萬物皆有佛性而修行只是發掘本來佛性的思想）等奈良、平安期精神遺產才是日本思想底流的梅原猛[50]眼中，信奉合理主義的司馬當然沒有辦法完整描述出平安時代佛教大師空海的完整樣貌[51]。

的確，司馬曾經明言「日本料理、建築、儀式禮節的原型全部都在室町時代形成，現代日本人可以說是『室町之子』」[52]，在《這個國家的原型》關於民俗與風土的二十六編中，以「甲冑」、「庭園」、「醬油」等物質為題的多達十七篇。就算提及真言密教，也非探討真言宗的教義，而是介紹「湯聖」（為人建設浴室或讓貧病人入浴的僧侶）這種被視為「雜密」的存在。以我一個民俗學徒的眼光來看，司馬的這些主題並沒有嚴密的田調資料和精緻的資料比較手法，但是其所注目之處卻與大眾生活密切，問題意識及論點也和民俗學的方法論極為相近。法國文學研究家鹿島茂指出司馬對於家族人類學的深刻關心，藉由各地區的逸聞傳說，將日本文化與南方古老風俗的關連性、多樣性介紹給日本大眾，同時他還從土佐、長州、薩摩地區士族社會的若眾組、鄉中等聚落團體裡發現了平等意識，提出就是這種平等意識造就了明治維新成功的假設。司馬也注意到日本堂、表兄弟姐妹聯姻的習俗，舉出日本沒有從中國導入科舉、宦官、同姓不婚等制度，導出日本獨特卻又充滿南島色彩的血統思想，在某種程度上致使民俗學知識更加普及於日本社會。所以司馬和梅原的論點之爭，其實更像是民俗學與哲學兩種學問間的基本不同，雖然

49 內藤湖南（1976）《日本文化史研究（下）》講談社 P64-76。
50 梅原猛（2010）《日本の伝統とは何か》ミネルヴァ書房　P124-136。
51 梅原猛（2016/5/4）《司馬遼太郎没後20年　空海を思う》産経新聞大阪本社版。
52 司馬遼太郎（1995）《この国のかたち（三）》文藝春秋 P42。

兩者乍看之下互相矛盾，但是若經過整理的話，都可以成為有助了解日本的材料。

村落社會 構成日本精神的主要元素

如果以民俗學的角度來看，物質本來就是個重要的研究主題。從大眾使用的器具或日常的生活形式導出這個民族的深層心意，一直都是民俗學者慣用的方法論之一。而身為民俗學徒的我，在探討真正日本精神的日本文化論述上，也要提供一個不同的論點。就像上述的司馬著作，以民俗事象來分析日本文化並不是什麼獨創之舉，甚至可以說是日本民俗學自明治年間以來成立的最大目的。前面提到的樋口清之和梅棹忠夫，也常在分析時運用民俗學的學術成果。但是若從日本民俗學的研究對象來看，除了實用面的民具及技術外，最多的就是「儀式」（包括冠婚葬祭等人生儀式和宗教祭祀儀式）、「村落社會」、「家族構成」三個領域。

先講結論。我個人認為真正的日本精神的關鍵字就是「村落社會」四個字。

當然這裡所說的村落社會，是以許多家族單位構成的共同體，而各種儀式的存在理念，其實也是為了共同體和家族的存續，並維持共同體內的人際關係。當然，有一億多人口的日本被稱為「村落社會」對很多讀者來說一定會有違和感。只不過**村落社會一詞指的並非共同體的規模，而是從過去以來日本傳統村落中的人際關係體系和生活樣式**。這種生活樣式不但沒有隨著日本這個共同體的擴大——從江戶時代的「三百諸候」統合成一個「大日本帝國」、或是以東京為代表的都市化現象而消失，反而內化成為日本人的深層價值觀。而日本村落社會的最大特徵，是在共同生活為前提下所發展出來的重視協調性和合議制兩點。不過這兩點特徵之所以成立，就真的必須借用前面提到的風土論。由於日本四季極為分明，也有颱風、地震等災害。即便這個特徵造就今日我們可以春天賞櫻、夏天瘋祭典、秋天看紅葉、冬天擁雪景等「福利」，但是之於農耕社會，也代表了若無法敏銳感性快速體驗到季節的變化，就很可能影響到農作物的收成。而這在過去可是死活問題。

的確，如果沒有敏銳的感性，也就不會有賞花時日本人獨有的「わびさび」，也就是所謂的無常感和幽玄之美，剩下的恐怕只剩下把櫻花枝折到自己臉旁忙著拍照的遊客，和阻擋其他觀光客通道的拍照者了。

這種敏銳的感性，讓村落社會裡的成員善於感受，並且在意他人的感情。此外，農耕社會為面對自然災害和季節的變化，許多農業土木如水利、防災工事等都需要全體動員，強調協調性和重視合議制的傳統也隨之形成。而**這就是民俗學思考裡的日本人重要元素，也是村落社會的原型**。即使是被新渡戶視為日本精神代表的武士道，但其實武士在作為武士之前，他們也是共同體中的一員，其深層心意裡同樣潛藏著村落社會的思考，這就是為什麼江戶武士在為主公效忠的同時，也保有強烈「公」意識的理由。因為村落社會重視合議之故，像土居提到的天皇制、甚至日本歷史上經常出現最高權力者有名無實——實權不在天皇而在幕府手上，幕府也不是將軍說的算，是由各個管領（將軍家的管家）、老中和大老（江戶時的幕府重臣團）的合議決定，甚至鎌倉幕府更發展到由將軍的管家（執權）北條家中隱退當和尚的長老（得宗）在話事——的這種「神聖的中空」，也才有形成的土壤。

至於司馬最痛恨的昭和軍部統帥權，即肇因自這種神聖的中空。簡單說，就是在大日本帝國這個大家庭裡，身為家長的天皇因為與臣民間互相的「甘え」作用，成了無法負責之人，最終全國隨著某種「時代的空氣」走向滅亡之路。

土居的「甘え」現象，必須要有「察し」、亦即默契理解的能力才能成立。這種能力的形成，便來自村落社會培養出的敏感和協調性，換句話說就是推測他者心意的習慣。在合議制的傳統之下，天皇把實際的執行交給了參謀本部這個臣民組合。整個日本因為國民感受到一種「為了守護先人流血打

村八分

日本村落社會中相當嚴厲的非官方制裁。意思是「斷絕八成的來往，只留下火災、喪禮這兩種絕對必要的互助形式」或與之相反，即「原本完整十分的交往僅留下八分」之意。在日本的民俗用語中，「八分」的念法「ハチブ」（hachibu）於許多地方的方言裡本來就有「隔離」的意思，某些地區也採用另外一種說法「別鍋」，意指不讓這家人跟大家一起吃飯。

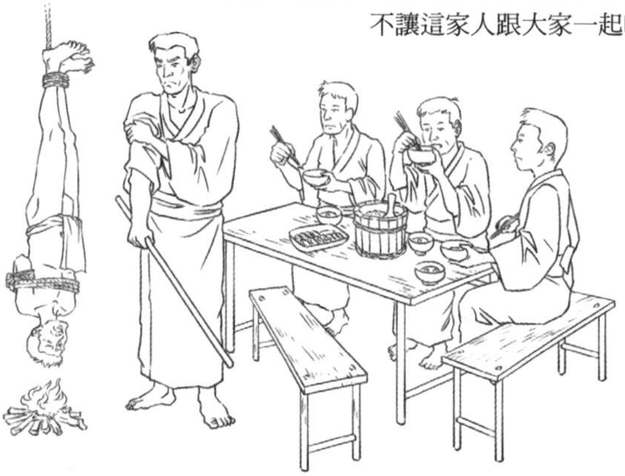

「村八分」許多時候以「家」爲單位。也就是，說如果某人因爲作人太機車而被村八分，則他的妻子甚至兒子都會成爲村八分排擠的對象－雖然在大多數的例子中，兒子什麼事情都沒做，根本不關他事。

（資料整理：遠足文化編輯部）

下的成果」的好戰空氣，所以發動了「察し」功能，進而推測國家全體都期待、並且可以戰鬥。**之前提到昭和時代壓迫國民的特殊「壓縮空氣」的發生原因正是如此**。在此情況下，若有人膽敢明確說出「怎麼可能打贏美國」的事實，就違反了村落社會中基於「甘え」和體貼他人的「察し」打造出來的以和為貴精神，這種人隨即成為「不會讀空氣」的白目，就像過去村落社會違反眾議而被排擠的「村八分」一樣，馬上會在當時的社會中被孤立。當村落社會精神的主體變成「國家」時，村八分的手段就不是只有祭典不叫你或是不跟你交往，而是抓起來關到生蝨母甚至讓你提前登出人生了。

同樣的，敗戰後以天皇為代表的「神聖的中空」不再擁有國家權力的加持，外來的GHQ成為新的權力頂點。對舊「臣民」來說，與其計較敗戰的悔恨，日本人的敏感立刻接收到國家由於神聖的中空被GHQ取代後「空氣」的轉變。成為新主人們順從的國民、不為國家和其他人帶來困擾隨即躍居新的社會價值。於是美國人眼中昨天還在天皇萬歲撞飛機自殺的瘋狂國家，今天瞬變為友善有禮、任勞任怨的一億好寶寶。這跟潘乃德口中的「恥」其實比較無關，和共同體的最高價值轉換、「世間體」的型態更新比較有關係。

這種理論其實也是樋口清之主張的日本人社會特性。被稱為「梅干博士」的樋口最有名的著作《梅干與武士刀》雖然是一本要日本人重拾自信、所以內容充斥了「日本好棒棒」的書籍，但是其中不乏許多精細的民俗事象解說。在樋口眼中，日本的社會是以「義理人情」為基準，所有事物都以和諧為最高原則，因此不會替他人設想、不懂互相幫忙的人就會受到「村八分」的制裁[53]。而義理人情如何形成？簡單說就是共同體暗默形成的共同心意，是成員自己要去「察し」，並且主動理解、遵守的。這種義理人情超越成文的規定和法律，基本精神與前面提到的武士真正根本道德規範「武門的道理」相同。總而言之，日本最高的價值，是決定義理人情的定義、以和諧與共存為前提的「世間體」。

透過村落社會，也能將潘乃德與會田等人爭論不休的「罪與恥」問題看得清楚一些。其實日本人同樣存在罪的意識，只不過這種意識來自對自己所屬共同體的忠誠與否，中根千枝所說的「異質者間的結合」，僅是將村落社會精神擴散於社會中，把公司或所屬機關當成另一個自己的村落。所以即使是其他同業者，在日本人眼中那就是別的村落，是和自己無關的另一個共同體，自然不會有什麼同業間的連結。放眼日本歷史上，也有中世[54]時為了壟斷利權而結盟的同業「座」的存在，但是這些「座」通常都結合於過去寺院神社的特許經營權之下，亦即另一個以神明為中心的共同體，在性質上完全不同。

會田等人所言的「世間體」，若就實際狀況來說即是自己的生活圈，而每個人的生活圈其實有限、大多和自己的村落社會重疊。因此潘乃德口中「恥」的肇因，可以被認為是來自村落社會中他者對自己道德上的無形拘束。另一方面，李御寧主張的日本人「縮小志向」，大多與內藤主張的「室町之前無日本」論點雷同。也就是說，合理主義所導出的精簡、有效文化，被李御寧認為是日本的獨特性。但正如梅原猛所言，除了這些合理主義的影響外，其實很難斷言室町時代之前的「非合理」——或說形而上的要素沒有殘存到今天的日本。事實上，「縮小志向」也是一種重視他人感受和群體和諧

53 樋口清之（2017）《梅干與武士刀》時報文化 P212-259。

54 編按：指十二世紀末的鎌倉幕府至十六世紀室町幕府滅亡為止的時期。

的村落社會思考展現。影響司馬遼太郎甚深的內藤所重視的室町年代末期，恰為日本進入群雄割據、各地大小村落社會共同體發展到最極致的時代。

總歸以上，或許村落社會思考才是真正的「日本精神」。這樣一講，日本人對外人冷淡、內外分明、或說「小家子氣」等台灣人常說的缺點好像都可以解釋得通。但是世界上沒有一個民族是全面單一、用一個理論或定義就能夠如數套用解釋的。如果真的有這種想法，那不過是一種中華思想濃厚的傲慢和怠慢。歷經前面的檢證過程，我們可以發現村落社會思考真的影響日本人極大，並且滲透到生活樣式、權力結構甚至人生哲學中。當然，看到這裡的讀者就馬上跑去和日本朋友講「你們都是村落社會的人」，不但容易發生衝突而且在論述上也站不住腳。就像其他學術理論一樣，我們不能只根據對自己有利、或自己現有的材料就武斷作出判斷，而是要多方思考、反覆辯證才能得出最後的結論。一如我先前提到：日本精神的底流的確是村落社會思考，這是透過諸多流傳迄今的日本文化論、獲得驗證後的主張。那麼，我們要如何更確定村落社會思考對日本的影響，以及它在日本各領域中出現的形態？

很簡單，這本書繼續看下去就對了。

第二章　「日本精神」的國家與共同體概念

在九段的花下相見——神風特攻隊與靖國神社

我們先來談談大日本帝國這個國家。

如果要舉出當時日本軍國主義的標識，我想很多人的答案會是「靖國神社」和「神風特攻隊」。靖國神社是戰前國家神道的象徵堡壘，神風特攻隊更是大東亞戰爭中日本軍鬥志與瘋狂的集合體。「在九段的花下相見」[1]並不是什麼浪漫的承諾，這句話是特攻隊員出發前最後的道別語。面對死亡之際，年輕的航空兵們互相約定在櫻花盛開的靖國神社化為護國英靈再見。而九段就是靖國神社的所在地。

這種被稱為「憂國」的自殺行為，對以美國為首的敵軍們造成極大的心理震撼。「KAMIKAZE」[2]的成功率並不高，若從結果論來看根本是浪費生命的愚蠢行為。「神風」因此成了日本人為國不惜犧牲生命的代稱，甚至和對日本人的固定偏見畫上等號。神風據稱是命名者豬口力平借自己故鄉的劍術

道場「神風派」命名，原本的念法並非「かみかぜ」而是「しんぷう」。不過會以這個名稱命名，背後的意識一定是希望這股力量能夠扭轉戰局，就像蒙古來襲時的神風般，讓外敵灰飛湮滅。

無論因應什麼樣的前提，把年輕人這種國家最寶貴的資產當成消耗品和敵人同歸於盡，都是可惡到極點的思考。雖然提出神風構想的大西瀧治郎在終戰時自盡，但是殺死了四千多個前程似錦的年輕人這般大罪，好像也不是「我死給你看總可以吧」就能夠償還的。當然，這些赴死的年輕人們並非全是被洗腦到不怕死的戰爭狂人，至今在靖國神社裡還可以看到神風特攻隊員們留下的遺書，字面上大家似乎寫得很壯麗堂皇，不外乎強調自己死得光榮，請爸媽不要難過。可是只要仔細吟味就會發現，那是年輕人希望父母別為了自己的離去而崩潰的故作堅強。況且當時所有書信都經過上級檢閱，這

1 編按：靖國神社位於東京都千代田區的九段坂，鄰近JR飯田橋站與半藏門線九段下站。

2 編按：「神風」的英文拼音。

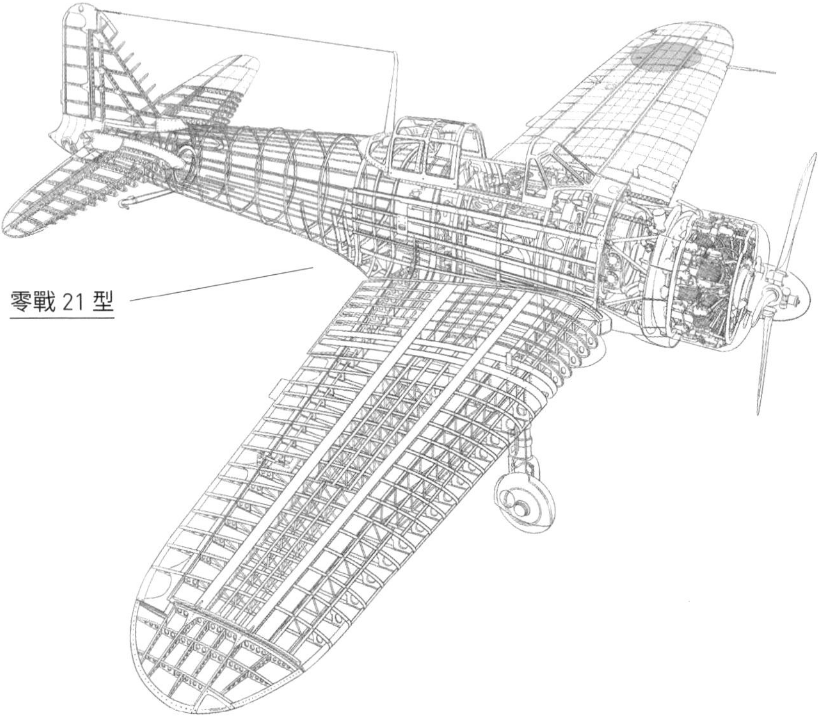

特別攻擊隊

即「特別編列的攻擊部隊」的簡稱，又稱特攻隊。語源出自太平洋戰爭初期日本海軍編列的特殊潛艇部隊名稱。到後來主要以裝載炸彈或火藥的軍機與潛艇，或是使用專門的特攻兵器實行自殺式攻擊。

在各個特攻隊中，最爲人所知的莫過於「神風特攻隊」。這是由日本海軍中將大西瀧治郎首倡，於二戰末期中途島海戰失敗後，爲了對抗美國海軍強大的優勢，所採取的「一機一艦」自殺式攻擊戰略。根據調查，此戰略約造成四千日本青年的死難，而此攻擊方式的成功率約爲九分之一。

（資料整理：遠足文化編輯部）

些隊員們無法將自己真正的心裡話寫在遺書上。一般人可能覺得，神風特攻隊員盡是大喊「天皇陛下萬歲」然後衝向敵艦的盲目者，但是如果根據著名零戰飛行員原田要的證言，這些飛行員死前掛念的都是同一個人[3]。

「媽媽。」

就連之前為神風特攻隊平反，造成日本社會極大反響同時被左派罵到臭頭的《永遠的0》[4]，也重現了這種在國家主義重壓下，年輕人壓抑自己、大喊天皇萬歲的同時，心裡想的還是最親愛家人的感情。再怎麼歌頌他們的憂國情操，《永遠的0》亦不諱言神風根本是場毫無勝算的愚蠢梭哈。但是就如同本書描寫的一樣，當時這些純粹的靈魂相信能夠透過自己的犧牲，保住美麗的祖國日本。而自己戰死後的靈魂，則會在祭拜英靈的聖殿靖國神社和同袍相會。如此的憂國情操遭反戰者與日本「護憲派」視為洗腦的證據，

3 原田要（2015）《最後の零戦乗り》宝島社 P165。
4 編按：日本作家百田尚樹的小說作品。

九五式艦上戰鬥機

最後的零戰飛行員 原田要

日本最後一名零戰飛行員原田要於二〇一六年以近百歲高齡逝世。原田自幼嚮往擔任飛行員，但因爲海軍的軍服比較帥氣，並且希望搭乘軍艦四處巡迴，最終加入了海軍，不惜一切通過考試進入航空隊。戰爭結束後，原田要投入反戰宣傳活動，堅決反對軍國主義復活。

（資料整理：遠足文化編輯部）

因為靖國神社根本不是日本傳統信仰下產生的宗教設施，而是明治初期由新政府打造出來的國家神道象徵。也因此這些一心希望進入靖國神社的青年們，全都是被洗腦完成的軍國恐怖分子。

靖國神社至今仍然是東亞關係的不安定元素，A級戰犯的合祀更致使這個人工聖殿的問題複雜許多。它究竟是宗教設施或者政治裝置，同樣讓人爭論不休。靖國神社的前身為明治五年完工的「東京招魂社」，七年後

（一八七九年）改名成「靖國神社」，並列入「別格官幣社」，由內務省、陸軍省、海軍省共同管理。靖國神社現在已經是獨立的宗教法人，連日本的神社總團體神社本廳都沒有加入。也許很多人百思不解，會問「靖國神社明明是明治時代由國家創立的純政治性宗教設施，為什麼還有人在信」？但是民俗學的訓練告訴我一個基礎的立論，那就是假設一個極權運用政治力創建了人造神殿，民眾依舊不會崇拜這個政府憑空發明的信仰，更遑論在它垮台之後。靖國之所以存續，除了政治力外，仍不乏民俗中的先祖信仰支撐。

當然，台灣某個藍白色的年輕古蹟及其崇拜者是例外。

靖國神社裡集合化的「先祖」——靖國作為信仰設施的存在根據

靖國神社非但不是傳統神道信仰的一部分，相反地，它從祭神的選擇開始就政治到不行。若以「日本」為前提決定誰是英靈，那麼大東亞戰爭造成的犧牲者不在範圍內是可以理解的。然而，戰前台灣、朝鮮的戰死軍人，卻被視作「帝國軍人」列為祭神。靖國神社原本就以軍人、政治人物等「官」為對象，因此不像過去豐臣時代將朝鮮之役的兩國死難者「怨親平等」地一起供養，實屬合情合理。但特別的是，明治前後的幕府軍、西南戰爭的薩摩（鹿兒島）死難者不在祭神行列，卻透過一九六五年於靖國神社境內建立的鎮靈社追悼[5]。據神社方面解釋，鎮靈社的對象還包括了外國的戰爭死難者，他們並不被列為「彰顯」對象。如果照這個說法，幕府軍和西南戰爭的薩摩軍難道就不是因為憂國之心而死難的？更何況薩摩軍絕大部分都是促成明治維新的志士主力，這也是靖國神社在崇敬英靈背後，隱藏的成王敗寇論理。

起源自明治時代的東京招魂社，在日俄戰爭後導入「英靈」一詞，曾由國家管理的靖國神社，為什麼迄今仍受到日本人的重視並且繼續存在？這個問題，其實和日本的靈魂觀有極大的關係。眾所皆知，先祖祭祀是日本傳統信仰很大的一部分，但是大家可能不知道，**日本的「先祖樣」，是沒有個人人格的**。

除了小時候可能和你接觸過的祖父母，或是已過世的父母，對日本人來說，「家之先祖樣」是一個整體。在這個家繼續傳承下去後，對你的第二代、第三代而言，你的祖父母已失去個人性格，成為「先祖樣」的一部分。就想在多年之後，從「先祖樣」裡抽出單一的特定人格，是件不可能的事。就像現在日本「お盆」（中元）時，日本人會在家中綁上木馬和木牛，好讓「先祖樣」搭乘交通工具回到家裡和子孫相聚[6]。此時，返家者之於日本人皆為「先祖樣」，而不是田中家的第幾代第幾代這樣。先祖，就是先祖，沒有誰是誰了。以此類推，A級戰犯一旦合祀到靖國神社裡，便無法再「抽出」——當然，這是宗教上的理由——根據過去宮內廳長官富田朝彥的手帳記

5 高橋直哉《靖國問題》遠足文化 P245-247。

6 蔡亦竹（2016）《表裏日本》遠足文化 P43-46。

精靈馬是日本人中元節祭祀祖先時所準備的一種祭品，多以瓜類、草葉製成牛、馬形狀，以提供祖先交通工具返家。（資料整理：遠足文化編輯部）

錄，昭和天皇對A級戰犯的合祀很感冒，自一九七五年起停止天皇參拜。A級戰犯的合祀從六〇年代啟動策劃，真正實現於一九七八年，時至一九八五年中曾根康弘的正式參拜，開始引發中國、韓國的抗議。在那之前，不只鄰近國家對日本首相參拜靖國沒有反應，甚至民國四十五年四月十九日，中華民國的立法院院長張道藩一行，還在當時駐日大使張厲生的陪同下，前往靖國神社參拜。

簡單來說，除了靖國之外，高達數百萬的英靈「合祀」形態在日本非常罕見。靖國神社始於將天皇家視為最高統率象徵的國家神道需求，並將這種需求建構在過去崇敬天神（優秀人物死後祭為神明的人神信仰）和先祖信仰的基礎上，並加諸強化的信仰再生產產物。然而這種再生產的結果，在經過百年以上的歲月後，卻某種程度內化於日本人的文化中，形成另一種信仰傳統。這也是靖國神社的最大特性。

題外話——靖國神社的台灣皇民傳說

談到這裡，不能不提我與靖國神社間的一個小故事。

幾年前某位政界大老為了反對台獨，在公開場合口吐「祖先不能選擇，所以台灣人都是中國人」言論。這段話在台灣當然被攻擊到爆炸，因為該大老的伯父就是被他口中「光榮的祖先」後代給慘殺，其父在日本時代，更是當皇民當得很高興的既得利益層。在攻擊該大老的諸多言論中，有一個說法是大老的父親和大伯將在台作戰的北白川宮親王因病應急拆下作為擔架的當地城隍廟門板，題上「皇民XXX敬獻」後，捐贈予靖國神社，用這個典故來反諷該大老的「祖先不能選擇說」。

問題是：那塊門板既然是被北白川宮親王用來應急充當擔架，怎麼會在上面刻字呢？況且這在當時可是「聖遺物」等級的東西。回顧一八九五年時值皇民化運動推展的四十多年前，若在當時就「皇民」的話，那的確是奴性到骨子裡去了。為此我決定去一趟靖國神社，照這段傳言的說法，木板應該存放在靖國神社的寶物館——也就是遊就館裡。於是我進了遊就館，想確定這塊門板是否存在。在仔細將館藏從頭到尾看了一次後，我沒有發現這個展示品。但是以最基礎的人文知識就知道，寶物館的展示有可能僅為部分館藏而已。所以，我向展示人員表示了自己的來歷和來意，希望能調查相關的資料。

沒多久，負責遊就館的權彌宜（副神職）松本先生出來接待我們，聽完來意後，他表示遊就館的展示的確只有總館藏的十分之一不到，且館藏也不常更換。原因是展出品多半是遺品，如果換下展出品的話，常常會有遺族表示不滿或遺憾。而門板的部分，要請館長向我們說明。其後館長彌宜（神職）山本先生出來接待，在歡談一陣後，山本先生發現我並沒有惡意，在某種程度上甚至意氣相投，接著開始調查館藏品目錄。

結論是有這塊門板。

由於情節特殊，他特別破例帶我們到館藏地下室實際看看這塊板子。也真的讓我們找到這塊傳說中從中壢媽祖廟上拔下來載運北白川宮能久親王、由「皇民」大老之父和其兄敬獻的神奇門板。我們左翻右翻，上看下看，希望找到「皇民ＸＸＸ敬獻」究竟刻在哪裡。

答案是沒有。

我隨即請教山本館長，既然在一九九三年的台灣就有人號稱曾經看過這塊門板，它是不是真的曾經展出過？山本館長的回答是遊就館於昭和六十一年（一九八六）改裝完成後，這塊門板的確曾展示過一段期間，其後因為某

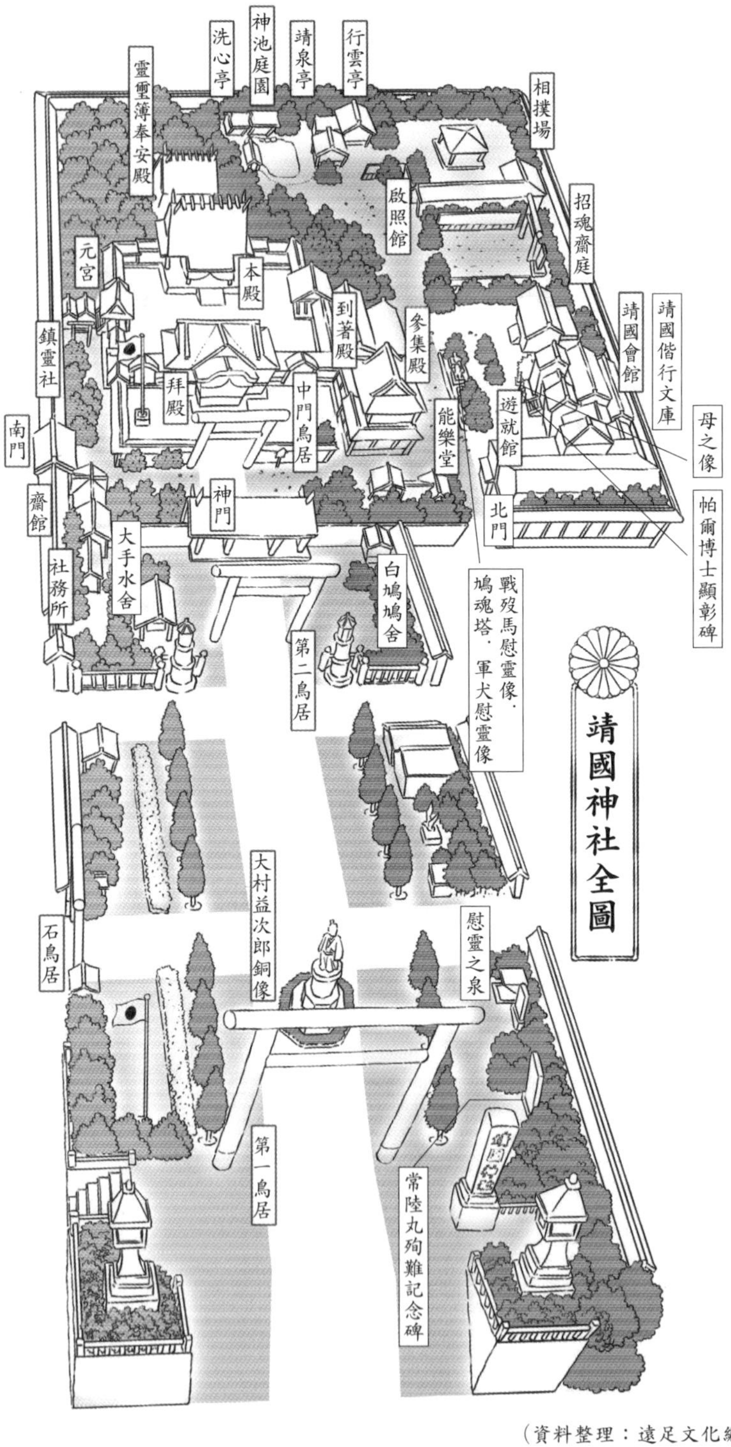
靖國神社全圖
洗心亭
神池庭園
靖泉亭
行雲亭
靈璽簿奉安殿
相撲場
招魂齋庭
啟照館
元宮
本殿
到著殿
參集殿
靖國會館
靖國偕行文庫
鎮靈社
拜殿
中門鳥居
能樂堂
遊就館
母之像
南門
齋館
神門
北門
帕爾博士顯彰碑
大手水舍
社務所
白鳩鳩舍
第二鳥居
戰歿馬慰靈像．鳩魂塔．軍犬慰靈像
石鳥居
大村益次郎銅像
慰靈之泉
第一鳥居
常陸丸殉難記念碑

（資料整理：遠足文化編輯部）

靖國神社大事記

1868 年	明治元年	於江戶城（今皇居）西之丸爲薩摩、長州、土佐、肥前四藩的陣亡官軍舉行招魂祭，同時於京都東山（今京都市東山區）祭奠官軍陣亡者。
1869 年	明治 2 年	創建東京招魂所。
1870 年	明治 3 年	建立常燈明台（即高燈籠）。
1872 年	明治 5 年	創建別格官幣湊川神社。
1874 年	明治 7 年	明治天皇初次參拜
1879 年	明治 12 年	東京招魂社依據左傳「吾以靖國也」改名爲「靖國神社」，社格爲「別格官幣」。在全日本二十八個別格官幣社中，靖國神社是唯一一個在舉行正式祭禮時，天皇會派遣勅祭出席的「勅祭社」。
1882 年	明治 15 年	遊就館開館。
1888 年	明治 21 年	大村益次郎銅像完工。
1945 年	昭和 20 年	招魂齋庭舉辦最後的國營大招魂祭；GHQ 向日本政府下達「神道指令」，廢止國家神道，實行政教分離。
1946 年	昭和 21 年	完成宗教法人登記。
1969 年	昭和 44 年	自民黨於國會提出靖國神社法案。
1975 年	昭和 50 年	日本首相三木武夫以私人身分參拜靖國神社。
1978 年	昭和 53 年	十四名 A 級戰犯以「昭和殉難者」爲名義，合祀於靖國神社。
1985 年	昭和 60 年	日本首相中曾根康弘以公職身分參拜靖國神社。
1996 年	平成 8 年	時隔十一年，橋本龍太郎再度以首相身分參拜靖國神社。
2001 年	平成 13 年	日本首相小泉純一郎參拜靖國神社。
2005 年	平成 17 年	建立帕爾博士顯彰碑。
2006 年	平成 18 年	日本首相小泉純一郎參拜靖國神社。
2013 年	平成 25 年	日本首相安倍晉三參拜靖國神社。

（資料整理：遠足文化編輯部）

些因素和考量，便將它收回倉庫取消展示。但既然能夠找到這塊門板，就表示絕對有相關的書面紀錄。我繼續請教館長奉納者是誰，上頭是否寫有「皇民」？他的回答是，由於奉納者的名字關乎現存者的隱私，所以需要書面來文才能正式回覆，也不能夠就當中的資料公開為文。不過，當時展出時的確曾寫出奉納者姓名。靖國神社有靖國神社的立場，它們絕不會在展示說明文中寫上「皇民」兩字。再說這塊使用於一八九五年的門板，被奉納的時間絕對在一八九五年之後，當時的台灣人全都是大日本帝國子民，「皇民」二字其實有點多餘。

我聯想了一下。松本先生曾說遊就館的館藏不輕易更換，這塊板子卻基於「某種因素和考量」被收起來，那麼奉納者的遺族究竟是誰，答案應該呼之欲出了。上述風波早已隨著台灣的瞬息萬變的政治局勢被人遺忘，然而這段經驗讓我親身感受到靖國神社不同於一般神社的特殊體質，和因為這種特殊體質而必須考量的複雜因素——畢竟一個處理不好，這座讓日本人追思戰殁先人的神社就可能立刻化身引爆東亞政治外交紛爭的火藥庫。

但是九段的櫻花盛開時真的好美。

戰前的國家神道——強化向心力的人造信仰

第二次世界大戰前，日本的確進入了好戰的國家級狂熱期。軍部「皇道派」與「統制派」之爭，更導致了好幾場血腥暗殺發生[7]。在思想上，為了統制國民向心力而誕生的國家神道和隨之引起的廢佛毀釋等措施，也在強化日本國家認同的同時，加快了日本軍國化的速度。

7　蔡亦竹（2016）《表裏日本》達足文化　P219-221。

明治初年的大日本帝國宗教政策

（資料整理：遠足文化編輯部）

一八六八（慶應4年．明治元年）	祭政一致；重設神祇官；公布神佛分離令；設置宣教使。
一八六九（明治2年）	以皇道興隆出發的天皇御下問（廣徵天下意見）發布
一八七〇（明治3年）	明治天皇作大教宣布詔書
一八七一（明治4年）	太政官布告，神社爲國家的宗祀；神祇官降格爲神祇省。
一八七二（明治5年）	廢除神祇省；設置教部省，向國民宣傳敬神愛國、天理人道、奉戴皇上及遵守朝旨三條教則
一八七三（明治6年）	廢除對基督教的禁令
一八七五（明治8年）	淨土真宗四派（真宗高田派、真宗佛光寺派、真宗興正派、真宗木邊派）脫離大教院；關閉大教院，改設神道事務局：教部省通知各宗維護信仰自由
一八七七（明治10年）	廢除教部省，事務轉移至內務省社寺局
一八八二（明治15年）	將神官與教導職分開，前者負責奉仕神社，後者爲神道教師
一八八四（明治17年）	下令廢止所有的神佛教導職

一八八九（明治22年）	頒布大日本帝國憲法
一八九〇（明治23年）	頒佈教育敕語
一九〇〇（明治33年）	內務省廢除社寺局，改設神社局和宗教局
一九〇六（明治39年）	國庫供進金制度，將支付予神社的財政制度化

在明治三年公告的「大教宣布」中，明確把神道訂為國教，於是在神話中繼承天照大神血統的天皇家成為了「現人神」。或許很多人好奇改革和現代化的明治維新怎麼會產出這種今天看來超級反動的法令，但是明治國家建立之際本來就主張「王政復古」，要把日本恢復成過去以天皇家為中心的「祭政一致」國家。「大教宣布」據此將神道定義為「祭祀儀禮」的集合而非宗教，是用來統合國民精神向心力、打破過去各自為政的傳統，重新打造一個中央集權新國家以對抗列國入侵的手段。這也是日後明治憲法明訂人民在「不妨礙公眾利益的前提下有個人信仰的自由」，卻又讓國家神道繼續作為軍國化推

手發展至敗戰為止的原因[8]。

起始之初，新政府發布了「神佛分離令」，並設立政府部門「神祇官」，禁止基督教傳教，想藉此強化神道的國教地位。但由於西方各國的強烈抗議，所以後來不得不撤回禁教命令。神祇官的設立致使神道具官方地位，無法進行私人宗教活動，導致許多神社因為缺少「香油錢」引發財政困難，後來也被廢止了。而「神佛分離令」之所以被頒布並且引發廢佛毀釋風波的原因，恐怕讓許多台灣人意外。那就是日本長年以來，其實都是個佛教壓倒神道的國家。在「神佛習合」這種神道和佛教信仰相互混淆的系統下，於當地廣受尊崇的八幡神儘管出身日本傳統神明，卻同時被視為佛法的守護神，還有「八幡大菩薩」的別名[9]。

當然，在台灣的民間信仰中，也有道教與佛教神明大家和樂融融、觀音及媽祖在同間廟宇一起進場候教的現象。相對於日本傳統信仰的神道，當時的佛教可是「三國」（印度、中國、日本）的共通思想，兩相比較下，日本人自然覺得這是來自先進國家的高等普世價值。如同台灣的魯肉飯，只要漲個五塊錢就好像天地不容奸商惡賈，但若把名字換成「台稉九號精米佐細切角煮台式肉汁丼飯」，立刻高尚十五倍要賣多貴都是市場區隔一樣。日本的神佛習合並非神道與佛教平起平坐，而是神明被視為比開悟的佛菩薩更低等的存在。因此除了神社境內設有神宮寺，讓神明聽經以「解救」神明外，還發展出日本特殊的「本地垂跡說」，解釋佛菩薩是為了救渡位於偏遠島國日本的人民，所以才暫時化成神道眾神的形態，解救眾生[10]。明治初期的政府受到前述傳統影響，為樹立日本精神的獨特性，才頒布了神佛分離令和大教宣布。也因為如此，民間對優於神道的佛教進行各種迫害。

上述違背過去近千年傳統的措施是行不通的。但是在解除措施後，國家

8 島薗進（2010）《国家神道と日本人》岩波書店 P7-10。
9 中野幡能（1985）《八幡信仰》塙書房 P134-136。
10 伊藤聡（2012）《神道とは何か》中公新書 P49-55。

神道仍然繼續發展，靖國神社、各地的護國神社以及天皇家祖廟伊勢神宮日漸增強其扮演「國家機關」的性格。東京皇居內還設立了放置三神器之一的神鏡與祭拜天照大神的賢所、祭拜歷代天皇的皇靈殿和祭拜天地神祇的神殿等「宮中三殿」[11]。這些措施慢慢發生效用，大日本帝國憲法的「告文」便以「皇朕循天壤無窮之宏謨，惟承繼神之寶祚保持舊圖無敢失墜」揭開序幕，並於明治二十三年紀元節（開國紀念日）當天，由明治天皇在賢所內向皇祖們宣讀，之後全國各地的神社舉行「奉告祭」宣讀相同內容，緊接著正式實施憲法[12]。

到了昭和初期，小學用的高年級課本《尋常小學修身書》更直接教導學生日本是以天皇為中心的大家庭，而天皇家的起源就是從天孫降臨到神武天皇開國迄今[13]。至此神道作為國家意識型態的影響力，可以說完全成形。

以神道作為立國哲學根本的大日本帝國雖然放過了佛教等宗教團體，但是「師父們」為了不在「富國強兵」的時代要白目，成為被修理的對象，也開始摸索各種妥協、甚至積極幫當時國策「贊聲」[14]的方法。這也是為什麼後來各佛教團體會在種種樂意或不太樂意的前提下接受伊勢神宮頒布的神宮大麻（是神札，不是某種會high的神物），以表態自己對於國家的忠誠。當然，其間也有堅持自己信仰而拒絕者，也曾發生過像創價學會（日蓮系宗教團體）會長般，因為拒絕受領奉拜神宮大麻即遭逮捕獄死的事件。由於當時的背景，自織田信長時代以來一向給人和平印象的日本佛教團體，開始出現各種「天皇萬歲」和「忠君愛國」的樣貌。

11 島薗進（2010）《国家神道と日本人》岩波書店 P16-17、P99-101。
12 島薗進（2010）《国家神道と日本人》岩波書店 P7-10。
13 島薗進（2010）《国家神道と日本人》岩波書店 P68-70。
14 編按：台語，敲邊鼓、聲援之意。

「一天四海皆歸妙法」——用佛法統合國民的日蓮主義

由於時代演進，導致各種佛教宗派和國家神道一起成為日本軍國化的背後推手。自鎌倉時代開宗以來，宗祖即積極力諫當權者、希望日本能透過信仰「真正的佛法」逃離亡國之禍，追求佛法影響世間法以達「王佛冥合」境界的日蓮宗，甚至化身軍國主義背後的一股陰影。

昭和時代除了以「一人一殺」、「一殺多生」為號召，由日蓮宗僧侶井上日召組成的暗殺團體「血盟團」外，人稱「魔王」的國家主義者北一輝也是狂熱的日蓮宗信者。北一輝對鼓吹「昭和維新」、「天皇親政」並發起二二六事件的皇道派青年將校影響甚鉅。這位原名北輝次郎的異色思想家參加過中國的革命運動，不僅涉足同盟會還與宋教仁等人深交，更因為擔任記者期間公開發文指出暗殺宋教仁的凶手是孫文，被驅離中國三年。北一輝的養子，據說是革命元勳譚人鳳的遺孫。

這位奇人另一個讓人詫異的，是擁有法號「龍尊」的他經常大聲誦念法華經，然後進入神明降駕的狀態。北一輝自稱接到被他稱為「靈告」的神明指示和預告。一九三一年的某日，北一輝的靈告內容是這樣的：

海上出現了城。數座城出現之後又消失。之後，出現了一道彩虹。

一九三一年正是滿洲事變的發生年。北一輝靈告裡出現的城就是所謂的「王道樂土」，而王道樂土的實現地，即日後的滿洲國。或許這個說法太過牽強，但是在國內進入嚴重不景氣的昭和初年，由國柱會等日蓮宗信者所提倡的「日蓮主義」極度盛行，卻是不爭的事實。「一天四海皆歸妙法」的日蓮系信仰轉化到政治上，立刻無縫接軌形成國家至上的強烈日本優越主義。延伸到國際關係上，等同於整個世界統合在妙法之國日本的領導下。這種宗教性極強的政治思想，和日後「八紘一宇」[15]的大東亞共榮圈有異曲同工之妙。

15 編按：大日本帝國二戰時期的國家格言，日本政府將其解釋為天下一家、世界大同。

這個出自中國經典[16]的詞彙，早在一九一三年就被國柱會首腦田中智學引用，藉以強調人種、文化在妙法之下人人平等，對戰爭也採批判態度。日後牧口常三郎受到田中影響，創立了公明黨的主體——創價學會。在二二六事件中，反亂軍採用「八紘一宇」主張自己的信念，日後進入大戰，軍部也援引這個詞正當化日本的戰爭動機。更巧合的是，一九三二年發生上海事變，事變的起因於中國民眾襲擊上海的日本僧侶，而僧侶所屬的就是日蓮宗妙法寺。最終主導青年同志團反擊活動，真正引發中日軍事衝突的憲兵大尉重藤千春，亦為狂熱的日蓮主義者。

許多人公認滿洲國成立的幕後黑手，是當時陸軍的天才參謀石原莞爾。這位與東條英機始終不合、稱自己位居首相的長官為「東條上等兵」的奇人，曾經在中國革命成功時帶領自己的班兵們歡呼「支那革命萬歲」，卻也在日後一手促成「王道樂土」滿洲國成立於飽吸父祖之血的土地上。前面曾提過自日俄戰爭慘勝後，日本就一直執著於滿州這片石原不惜用炸死張作霖等不光彩的手段，所打造出來的「五族共和」王道樂土。石原認為日本應該對滿洲國的成立感到滿足並與中國講和，避免日中全面衝突。正因如此，石原和東條關係極度惡化，最後被迫離開現役職位。石原莞爾是熱心的國柱會成員，陸軍大學講課期間經常在黑板上大寫「兵法即為妙法」，他主張：

當世界統合於妙法之下時，就是佛法理想國的成立之際。

石原莞爾著名的理論〈世界最終戰論〉，即東方跟西方終須一戰，而東方當然要由最先進的日本領軍，也因此日本需要和中國結盟、同時必須拿下滿蒙。石原從頭到尾都反對與中國開戰，在中日戰爭開始不久便被強迫退休。不過石原的世界最終戰論還有一個不為人知的前提：

為了準備世界最終戰爭，東洋必須統一於日蓮主義之下。

石原在這部論文中除了完整分析東西古今戰爭外，更不避諱談及他的法

16 編按：此指《列子．湯問》與《淮南子》。

大川周明（一八八六至一九五七年）。二戰日本戰敗後，遠東國際軍事法庭甲級戰犯中唯一的民間人士，其後因為精神疾病獲得釋放。（資料整理：遠足文化編輯部）

華經信仰，甚至提到世界最終的戰爭也必須實現全球信仰的統一，要在幾十年裡完成「一天四海皆歸妙法」的佛法使命[17]。然而在以天皇家崇拜為主體、國家神道盛行、軍國主義跋扈的昭和前期，神佛教義間的衝突對石原或其他當代人並沒有太大的影響。石原指出，在戰爭中的王道文明象徵是 天皇家三種神器中的神劍 涅槃經中

「護正法者，應當執持刀劍、器仗，侍說法者」一節 日蓮聖人所說的「兵法劍形之大事亦出自此妙法」[18]。完全將大東亞戰爭合理化為思想信仰上的統一聖戰，也就是世界最終戰爭的前哨戰。

滿洲國，是石原實現理想的第一步。一九三二年二月十六日，張景惠、臧式毅、熙洽、馬占山等東北四巨頭拜訪關東軍司令部，在大和飯店舉行了所謂的「滿洲建國會議」。會場裡沒有日本國旗、沒有當時的五色旗，紀念合照中的與會成員背後，只有一幅巨大的掛軸，上面大書「南無妙法蓮華經」七字[19]。不久後的三月一日，滿洲國發表宣言正式建國。而二月十六日，正是日蓮上人的誕生日。就連戰後東京審判中唯一以民間人士身分被列為A級戰犯、在審判中用力拍東條英機光頭，後來因為精神問題被判無罪的

17 石原莞爾（2011）《世界最終戰爭 增補版》每日ワンズ　P96。
18 石原莞爾（2011）《世界最終戰爭 增補版》每日ワンズ　P100-101。
19 文藝春秋（1957）《文藝春秋7月臨時增刊号「昭和メモ」》文藝春秋。

思想家大川周明，都證言石原在重病時說過「日蓮聖人是在還曆（六十歲）過世的，我能和聖人同樣年紀死去真是光榮」。大川還指出，石原堅信日蓮聖人「前代未有的大爭鬥將於一閻浮提[20]發生」的預言，並由此發展出世界最終戰爭論，也將迎接「一切眾生齊唱南無妙法蓮華經」的一天四海皆歸妙法世界[21]。從這幾點可見石原對法華經信仰的執著，他同時把這種執著與自己的軍事、政治理念相結合。

阿彌陀如來的軍國之路——淨土真宗與「日本主義」

如果滿洲國背後有日蓮主義的影子，那麼另一個日本佛教大派淨土真宗更是軍國時代的重要原動力之一。自親鸞創立淨土真宗以來，本願寺就一直由親鸞的直系子孫擔任法主，其對於阿彌陀佛絕對信仰的背後，本來就含有強烈的血統執著。也因此在由萬世一系的天皇崇拜主導的國家神道時代，淨土真宗要加入這個意識型態，於基層信眾間並沒有造成太大的違和感。昭和時期軍國主義開始盛行，東本願寺派對下屬寺院發送所謂的「天牌」。這是淨土真宗強化「真諦」（佛法）和「俗諦」（國家）的真俗二諦論，用來克服反對戰爭的佛教教義與軍國主義國策間的矛盾[22]。

「天牌」並非什麼國士無雙或天胡之類的麻將秘技，而是「天皇尊牌」的略稱。以阿彌陀佛為唯一信仰，遭人嘲笑「門徒不知世事」（門徒物知らず）、甚至連祖先牌位都不必祭祀，還曾經因為信仰和織田信長對幹的淨土真宗，在軍國主義時期居然會在阿彌陀佛的佛壇裡放置寫著「今上天皇聖躬萬歲」、「明治天皇尊儀」等字的位牌，並且遍佈殖民地及海外各別院。後來這種思

20 佛教用語，指人類所居住的世界。又稱為「南瞻部洲」。
21 石原莞爾（2011）《世界最終戦争 増補版》毎日ワンズ　P287-289。
22 新野和暢（2015）「皇道仏教という思想―十五年戦争期の大陸布教と国家―」《人文学報　第108号〈特集：日本宗教史像の再構築〉》京都大学人文科学研究所　P99-100。

想發展成向外擴張侵略之「皇恩」等同「佛道」的大東亞主義，讓淨土真宗和其他宗派的僧侶們，與軍隊一同成為向殖民地、佔領區「深化」的尖兵。台灣自一八九五年納入日本版圖後，各種「內地佛教」（所以你就知道為什麼我這麼討厭現在某些人在用的「內地」二字）開始積極進行佈教工作。時至一九一八年，已有天台宗、真言宗、淨土宗、曹洞宗、臨濟宗、真宗本願寺派、真宗大谷派、日蓮宗等「七宗八派」在台灣進行活動[23]。而淨土真宗的另一大派西本願寺更是不遑多讓，出生於明治初年的法主大谷光瑞生涯可謂這股「大東亞主義」潮流的縮影。他不但是大正天皇的連襟，還曾經出任孫文聘請的中華民國政府最高顧問。這位出身佛門貴族的「阿舍」[24]一生不但花費巨資在文化娛樂上，甚至三次組成西域探險隊，發現了釋尊講述法華經的聖地靈鷲山。現在高雄的古蹟「逍遙園」就是這位阿舍的別墅之一。

曾經放洋的真宗法主大谷光瑞，在日俄戰爭時曾積極派遣從軍僧侶，努力開拓包括台灣在內的「海外市場」。於此前提下，無怪乎佛教宗派會支持所謂的日本主義和大東亞主義。這種現象的出現一方面是佛教團體「順應潮流」的結果，一方面也是明治初期廢佛毀釋對佛教勢力造成的過敏反應——畢竟佛教已經失去天皇家自稱「三寶之奴」時的優勢，不好好企業改革一下恐怕不行。在環境的催化下，阿彌陀佛的本願——只要每個人口稱十遍佛號就能往生極樂的《佛說無量壽經》第十八願——和「天皇陛下的大御心」被視為一體兩面，天皇甚至被當作佛祖的現世存在[25]，過去日本傳統的「本地垂跡說」至此完全逆轉。

發展到這裡，又產生了一個新的問題：淨土真宗的信仰中心是「厭離穢土欣迎淨土」。如果淨土真宗信徒為國家戰死，他們死後究竟是進入靖國當神，還是往生淨土成為阿彌陀好朋友？雖然在淨土真宗的宗論討論大會上，

23 蔡錦堂（1994）《日本帝国主義下台湾の宗教政策》同成社 P28-30。
24 編按：台語，指不事生產的有錢人家子弟。
25 中島岳志（2017）《親鸞と日本主義》新潮社 P208-211。

最終仍得出又入靖國、又往生淨土兩者不衝突的幹話級結論，但如果日本確為「神國」，「神國」又怎麼會是「穢土」？過去和織田信長對戰死傷數萬的門徒們就是為了「往生淨土」，勇敢地奮戰到底，神國若是淨土的話，那當時死難的虔誠信徒豈不成了空安[26]？根據其後擔任東本願寺宗務總長的「愛國」僧侶曉烏敏的說法，日本在聖德太子時代已接受佛法，所以日本既是神國也是佛國。而過去信徒將日本視為穢土的原因，是因為日本人並非全數具有領受天皇「大御心」的自覺，因此日本會有監獄、黑市。也就是說，神國早已是淨土，僅剩這些人需要「教化」而已[27]。

這就是戰前的日本宗教氛圍。就連號稱終生「與大眾為伍一起向前」的國民作家吉川英治，也在滿洲事變後大為振奮，時至首相犬養毅被殺的「五一五事件」，他在哀悼死難者的同時亦狂喜於「憂國志士」的出現。描寫與大眾同行的《親鸞》，是與其代表作《宮本武藏》同時連載的另一部名著。這位淨土真宗的開宗祖師在吉川英治眼裡不只是偉大的僧侶，更是勇於挑戰腐敗貴族政治的改革者[28]。而之後經過大幅修改、僅僅呈現追求「劍禪合一」境界的人物宮本武藏，在戰前的原著中也是位敬奉天皇的「愛國志士」。衝向全面戰爭的路上，淨土真宗發揮了極大的影響力。

江戶前的國家概念與「縣民性」——明治前的日本「村落集合體」

昭和時代向外擴張的軍國日本，其實並不是這個國家的原型。在建立靖國神社的明治時代之前，「三百年太平」的江戶時代對日本的影響更為深遠。在此之前，日本可大致分成關東、關西、九州和東北四個主要文化圈。

26 編按：過去台灣某部連續劇中的智障兒角色。
27 中島岳志（2017）《親鸞と日本主義》新潮社 P231-234。
28 中島岳志（2017）《親鸞と日本主義》新潮社 P190-197。

九州在很早之前就被吸收進入日本文化體系，但仍以「隼人」[29]這種稱號留存著一定的獨特性，而東北真正進入日本文化體系則要等到奧原藤原氏被消滅的鎌倉時代之後了[30]。今天我們在研究日本文化時，多半以「關東」及「關西」兩個概念進行討論。但是，關東關西的「關」是什麼？

中國很早就有所謂「關東」的概念。在古代，「關」指的是函谷關，戰國時代除了秦國以外的六國稱為關東，秦末項羽與劉邦間的「懷王之約」也商定先攻進函谷關者可以成為「關中王」。後代的「關」，則指明清纏鬥的要衝山海關，所以日本派駐東北地方的軍隊才會稱為「關東軍」。

在日本，所謂的「關」指的是由天武天皇設置、從近畿通往各地的三個重要關所。它們分別是通往日本海側北陸道上的愛發關、通往東北東山道上的不破關，和通往太平洋沿岸各地東海道上的鈴鹿關。這三個關所位於今天的福井縣[31]、歧阜縣、三重縣，若從地圖上來看還真能以琵琶湖為中心，畫一條線，將不包括北海道在內的日本一分為二。位居三關中心的不破關是東西交通的樞紐，不僅天武天皇奪得天下的壬申之亂決戰地就在附近，連一千年後決定德川家天下的關原大戰也在此處發生。從關原出發，無論到織田信長「天下布武」的根據地岐阜，或是他的夢幻堡壘安土城，距離都不到五十公里。至今日本仍存有明顯的「關東」「關西」對抗意識，除了豐臣秀吉重商色彩強烈的大阪和德川家康農本主義根據地江戶間的性格差異外，千年古都京都及今日首都東京間的優越感角力，也是其中一個原因。而這些意識的分界線，就是串連三關的無形直線。此外，三關中心的不破關，即關原所在地的岐阜縣，在方言上亦為關東腔與關西腔的分界線。

最近日本很流行所謂的「縣民性」。意即雖然皆為日本人，各地區居民的性格其實大不相同。縱使日本原本就有東北人木訥實在、關東人比較冷淡、

29 編按：古代日本南九州地區的原住民，大和王權時期被當作異族看待。

30 蔡亦竹（2016）《表裏日本》遠足文化 P31-33。

31 由於現址已不存在，所以關於愛發關的實際地點目前仍有爭議。

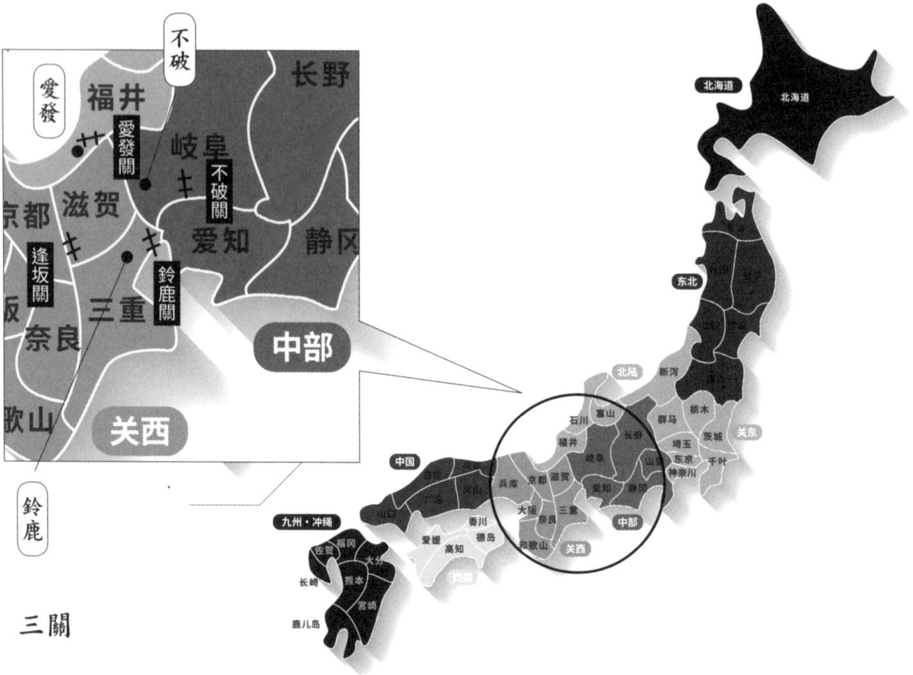

三關

所謂三關，指的是由天武天皇設置、從近畿通往各地的三個重要關所。包括位於美濃國（今岐阜縣不破郡關原町）的不破關、伊勢國的鈴鹿關（今三重縣龜山市）和越前國的愛發關。平安時代中期以後，位在山城國（今京都府）和近江國國境（今滋賀縣）的逢 關取代愛發關，成爲三關之一。

（資料整理：遠足文化編輯部）

關西人社交性強喜歡搞笑、九州人與豪邁男子畫上等號的既定印象，但是只要實際比較就知道，就算身在同個文化圈，相鄰兩縣的居民性格仍有不同。更有甚者，關西文化圈裡位於神戶、姬路所在地兵庫縣隔壁的岡山縣，就有縣南人重視合理主義且頭腦靈活、縣北人重視人情義理的差異[32]。造成這些區別的除了上述的地理因素外，還有一個重要的關鍵字：江戶時代的「藩」。

雖然戰國時代最終拿下天下的是德川家康，但真正開啟日本統一之路的，卻是剛才提到的織田信長。這位日本歷史上的革新者選擇岐阜城和安土城作為自己的據點，正是看上位於琵琶湖兩側的日本地理中心優勢。日本長期區分為關東關西兩大地帶，一邊是重農尚武的武士新社會，另一邊則是重文化且商業興盛的舊秩序社會。恰為兩種文化結合體的織田軍團席捲日本各地，在天下即將完成統一時，信長因為明智光秀的叛變身亡，由豐臣秀吉繼承其重商主義與政治資產。後來秀吉一步步收拾掉織田後人，成為日本武家政權的領袖，也就是「天下人」。相較於中國王朝的皇帝，日本的「天下人」更像各地武裝勢力的最高議長。接下信長資產的秀吉除了自己出身織田家

32　武光誠（2015）《藩と日本人》河出書房新社 P166。

外，臣服他的各地有力武將，許多同樣出身自織田家。這些跟隨織田信長征戰四方，在各地獲得新領土的部將，加上由豐臣秀吉自己的親族及部將所形成的新勢力，被稱為「織豐取立大名」；而如同薩摩的島津家，自成立以來未曾離開自己根據地的，則是「舊族大名」。

織豐取立大名的出現是一個重要的里程碑。由於織田信長的廣域作戰，讓有功的部將所得到的新領地，可能在相隔甚遠的陌生地區，其軍團制也讓武將間的調動變得習以為常，提高作戰的靈活度和機動性。另一方面，過去大名將土地交給手下部將直接領有的「知行制」，逐漸轉型為由大名委任的首長制。一反之前部將取到領地後「落地生根」、當地人只認自己老板卻不識「大頭家」甚至擁兵造反的現象。所以從秀吉時代開始，大名的改封、「國替」成為封賞及懲罰的手段。這種作法也被德川幕府繼承，在關原大戰後德川家把大名區分為「譜代」（過去就效忠德川家的部將）、「親藩」（德川家血統親族）、「外樣」（殘存的織豐取立大名和各地舊族大名），無論在友好度或待遇上都有所區別，而且經常因為各種理由進行國替與「改易」（沒收領地），直到江戶時代中期各地的封國才大致穩定。

根據這樣的背景，導致各藩間產生不同的居民性格。比方「加賀百萬石」前田家所在的石川縣，一方面因為地形交通的隔絕培養出某種孤立性格，一方面又因為前田家歷代家主喜好文學藝術，孕育出九谷燒、輪島塗、加賀友禪和加賀蒔繪等精緻工藝。在此同時，前田家屬於織豐取立大名，以外來者身分進入加賀的他們特別注重武士團的領導統御，也造就了加賀藩強調身分之差與上下之別的住民特質。時至江戶末期，和大阪一樣工商業興盛的加賀，並沒有如同大阪般產生以平民為中心的「町人文化」，加賀人的性格偏向保守，喜怒不形於色——這與他們忍耐了三百年的身分壓迫息息相關。

由於各藩內政和財政獨立，只有在出現重大缺失或後繼之爭、甚至是江戶存心想搞掉這個藩的時候，幕府才會介入。因此在江戶時代，藩內百姓除了知道江戶有個將軍、京都有個天皇外，對他們來說，真正的領袖是當地的藩主，日本自古以來的地方區分「國」（比方加賀即為「加賀國」，所屬領地超過一個地方區分以上的大名就叫「國持大名」），也確實是平民大眾生活的空間、是他們眼中之「國」，而日本就是這些國的集合體[33]。

自室町時代以來，最高權力機關的幕府被稱為「公儀」。但在江戶時代，「公儀」指的是當地的藩主，江戶的幕府則另以「大公儀」稱之[34]。真正把德川幕府稱為公儀的，除了各藩的藩主及江戶的旗本（德川家直屬武士）外，只有幕府直轄地「天領」的百姓。正因為這種各藩半獨立的國家性格，讓江戶時代之前的日本人對「國家防衛」的概念極為稀薄。甚至遠在鎌倉時代蒙古襲來時，九州各地的武士防衛成功之餘，居然向幕府討賞——他們既然不認為自己保衛國家，純粹協助幕府戰鬥，討賞也是理所當然。問題是，這場防衛戰並未拿下任何新領土，自然沒有分封給奮戰武士們的資本。此事不但造成武士們的不滿和困頓，甚至成為鎌倉幕府崩潰的遠因。所以說，在江戶時代雖然日本人們有著模糊的「日之本」（日の本）概念，但是對於「國」的認同和我們現在認識的日本人是大相逕庭的。

江戶時代許多德川幕府的親藩，被分封在今天的東北地方。他們泰半遵從德川家尚武和質素的精神，長期奉行以稻米經濟為基礎的農本主義。在貨幣經濟抬頭的江戶末期，他們為了供養編制龐大、仍以江戶初期的戰時需求為準的武士團，財政皆陷入慢性的困頓狀態。到了幕末，戊辰戰爭中東北各藩因為對德川家的恩義與新政府軍作戰，戰敗後淪為「賊軍」。儘管其後廢藩置縣、成為大日本帝國的一份子，卻一直遭受許多有形無形的歧視和不公平對待。

廢藩置縣時十七個縣名與縣治地不同者，舊賊軍藩與曖昧藩就佔了十四個，另外三個則是由小藩合併的新縣。而內閣總理大臣更是到第十九任的原

33 編按：藩和國皆為地方區域劃分方式，然而藩是政治實體，國是地政畫分，部分的藩是跨國的。

34 磯田道史(2017)《司馬遼太郎で学ぶ日本史》NHK出版 P30。

敬才出現第一個賊軍藩出身者[35]。直到明治初期為止，繼承自過去久遠歷史的地域觀念，其實遠遠壓過「日本」這個明治時代才開始重新打造的國家認同。也就是說其實在明治之前，日本不過是個大大小小村落社會共同體在精神上統合於天皇家、政治權威則臣服於幕府將軍的集合而已。

靖國裡的賊軍與官軍——共同體概念的演化

薩摩、長州主導的新政府軍贏得了明治維新的勝利，過去支持幕府或首鼠兩端的各藩，則被視為「賊軍」。但有趣的是，前面談到的北一輝、石原莞爾、大川周明甚至東條英機等人皆出身自舊賊軍藩。連名著《日本最漫長的一日》（日本のいちばん長い日）中海軍出身、最後負責收拾敗戰殘局的首相鈴木貫太郎亦為舊幕臣，即賊軍。司馬遼太郎等眾人都提過，其實昭和的軍國主義多處啟發自舊賊軍出身者的自卑意識。他們比薩長更像尊皇志士的複雜心理，加速了不切實際的對外擴張念頭。這種說法證實在「日本」這個大框架下，各地方間的對抗和區別觀念仍然相當強烈。

明治維新之後，其實「藩」仍然存在了一段時間。要等到明治四年的廢藩置縣後，日本才完成由中央掌握、實施統一法制的近代國家原型。也一直要等到六年後的西南戰爭結束後，這個明治維新的真正目的才完全達成。在此之後，日本人就把共同體的概念轉換成日本這個「國家」，而完全脫離過去的「藩」意識。明治時代之所以要建立統一法規制度的近代國家，是為了抵抗帝國主義的外來侵略。此一敵人由過去「幕府・雄藩」、「賊軍・官軍」的內部存在，更替為其他外來國家的轉換過程，也是一般日本人認同的最大變化。在「日本」這個近代國家形成後，過去的藩概念下降成一種類似鄉黨意識的鄉土感情。誠如政治學者丸山真男於《忠誠與反逆》（忠誠と反逆）

35 半藤一利、保阪正康（2015）《賊軍の昭和史》東洋経済新報社 P30-32。

所提到，日本人效忠的對象在律令時代——那個「王政復古」想要恢復的時代——是以天皇家為中心的「法律」。進入鎌倉幕府後的封建時代，則建立在具體的主從關係上，因此世世代代受主家恩惠、獲取土地安身立命的「御恩」觀念，大於一切，甚至遠高過當時已經被架空抽象化的天皇家權威。這就是為什麼幕府和天皇家對立時，武士們會使用「天皇御謀反」這種奇怪的敬語，而且就算冠上朝敵之名也要效忠主家，與天皇軍背水一戰。

上述的武家倫理觀持續沿用到明治時代前，在終結亂世的德川幕府時期發揮至最極限，並擴張成為幕藩體制，主宰日本達三百年之久。丸山特別提到明治之後日本人的認同和忠誠觀面臨了一段混亂期，一直要到共同體概念重新被定位為回歸過去律令時代的「日本」、但實質上是建立新近代國家大日本帝國後才重新穩固[36]。丸山稱為江戶期封建式忠誠的價值觀，同時也代表了日本各地的認同其實僅限於當地賜給人民「御恩」的領主。所以若是幕府的天領，武士就效忠直接的「御恩」對象幕府將軍；如果是從關原戰後就開始被德川家修理（戰後毛利家被拿掉四分之三領地）的毛利長州藩，那麼就是三百年間都效忠直接的主君毛利家，並且對日本的共主「大公儀」德川家充滿無限恨意。而這些毛利家的武士們也真的在幕末時，報了三百年來的一箭之仇。直到大日本帝國建立，這些利害關係交錯的武士們的共通敵人變成「敵國」之後，這種心態才慢慢有了轉變。

這種變化也可以在人工聖殿靖國神社中發現。設立東京招魂社之初，長州閥發揮了很大的影響力。正因如此，今天的靖國神社參道入口處設有日本陸軍之父、長州維新元勳的銅像。許多人說明治維新是「薩長的維新」，但若從靖國神社來看，初期明治政府根本是「長州的維新」。

西南戰爭時的薩摩方死難者和戊辰戰爭的幕府軍，沒被列入靖國神社還有話說，因為再怎麼樣他們都被貼上「賊軍」標籤。但是，遭幕府暗殺的志

36　丸山真男（1992）《忠誠と反逆——転形期日本の精神史的位相》筑摩書房 P8-44。

士清河八郎、同樣死於維新前後「國難」的土佐藩士武市半平太和坂本龍馬等人，後來卻都進入靖國神社。另一方面，長州思想啟蒙者吉田松陰的老師佐久間象山未被納入合祀對象，理由竟因為清河八郎死於幕府方、也就是賊軍之手，而佐久間象山則在幕末的動亂期，為長州攘夷派刺客所暗殺。這個「官軍賊軍」的理論只要遇到長州就會轉彎，幕末「禁門之變」發生時長州其實被歸為朝敵勢力，但是當時的長州戰死者就被列入靖國合祀。相反地，其後變成賊軍、但是在禁門之變時隸屬天皇麾下官軍的會津藩士死傷者，則沒有被列入合祀對象。這些作為「官軍」死難的幕臣和會津藩士進入靖國神社合祀，一直要等到大正年間才實現。

後來發生了日清、日俄戰爭，靖國神社開始大量合祀戰爭中戰死甚至病死的所謂「英靈」們。因為有了對外戰爭，日本國內逐漸沒有官軍賊軍的差別，靖國神社慢慢成為國家統合的象徵，天皇也在日清戰爭和日俄戰爭後身著陸軍禮服，以「大元帥」軍隊統帥身分，各「親拜」（天皇不用「參拜」一詞）

兩次靖國神社。這也說明了日本在經由對外戰爭統合國內的過程中，靖國神社佔據的象徵意義及其地位。最後特別值得一提的，是靖國神社經過兩次對外戰爭後，不僅國家的補助金，就連「香油錢」都大幅成長。一八九一年靖國神社整年的「賽錢」收入是一三六七三五日元，到了日俄戰爭後的一九一〇年則成長到一七〇九七一〇日元[37]。即使考慮一八九一年當時一杯咖啡是一・五錢、一九一〇年是三錢的兩倍通貨膨漲率，靖國神社在經過兩次對外戰爭後香油錢仍然成長了五倍多。最可怕的是用物價指數計算，一九一〇年的一百七十萬大約等於現在的日幣五十一億。

「賽錢」的成長之所以值得注目，是因為它們主要來自民眾的寄付而非國家的強迫。也就是說，在對外戰爭的過程中，除了「宣揚國威」的虛榮感以及擴張換得的利益（況且這很難還原到一般百姓身上）外，日本人民在成為近

37 島田裕巳（2014）《靖国神社》幻冬舎 P88-。

代國家的「國民」後，用死亡和犧牲付出了文明開化的代價。或許不是家家戶戶都有人被徵兵出戰死亡，可能也有單純為了感謝英靈的靖國參拜者。但是以正常狀況推斷，靖國神社的賽錢大量增加除了「愛國心」的高揚外，最大的來源還是戰死家屬添的油香。

從封建時代的「國」到大日本帝國的「國家」。日本人迎接了文明開化和成為列強的歡喜，同時在靖國神社這個聖堂堆積了先人的骨血。這些同為大日本帝國犧牲的「英靈」或許過去來自不同地方，甚至可能來自過去賊軍、官軍兵戎相見的區域。但是他們藉由為國捐軀的神聖行為化為共同體，而被留下的遺族們除了帶著劇痛的悲愴光榮感外，也因為追悼自己死去的兒子、父親、丈夫或是兄弟親友聚集在靖國。這是無論對生者或死者，靖國神社從過去到現在作為一個「不自然」的信仰設施，卻如此重要的理由。透過靖國得以發現日本人共同體認同的演變，也重新檢視戰爭打造一個全新國家、再將其摧毀的精神歷程。希望我們可以從中對日本、對人性和過去多了解一點。

另一方面，從過去的幕藩體制到大日本帝國，能夠清楚看到共同體概念的改變，但是這種改變其實就是村落社會性格的擴張而已。在「日本精神」的傳統裡，不管日本人現今住在都市或鄉村，多多少少都還殘存著這種由傳統村落社會演化出來的自他認同概念。

第三章　村落社會「以和為貴」背後的陰影

「以和為貴」與日本的死刑

大和民族，以和為貴。

如果你接觸的是以京都為代表的王朝文化，又讀過婉約動人的川端康成作品《古都》，還真的會相信上述說法。畢竟這種建構於「物哀」（もののあわれ）——一種來自無常的哀愁——進而發展出來的美學觀念，再加上少許佛教思想的價值觀，的確很難讓人和暴力、鬥爭聯想在一起。「以和為貴」在日本初見於聖德太子的十七條憲法[1]，憲法的第一條就寫著「以和為貴、無忤為宗，人皆有黨、亦少達者。以是或不順君父、乍違于鄰里，然上和下睦、諧於論事，則事理自通，何事不成」，充分表現出大和民族以對話及「不要起爭議」為最高價值的民族性。

畢竟是日出之國，生氣當然不能到日落（大誤）。

不過以京都代表的王朝文化當然不能代表整個日本，古代天皇家的內鬥就殺氣騰騰，後來發展出來的武士更是把相殺當成重要謀生技能。但是聖德太子一般被認為最重大的功績，是他作為實質上日本佛教之父的地位，他的外交內政成績反倒其次。畢竟不管是日蓮宗的日蓮、淨土真宗的親鸞或是其他不分宗派的佛教宗師，都毫不隱藏自己對聖德太子的尊崇。今天日本還有「聖德宗」這個佛教教派，在民間也常見所謂「太子信仰」。而日本佛教的大功臣聖德太子所訂定的十七條憲法，卻把「以和為貴」放在第一條「篤信佛法僧三寶」之前，可見「和」對日本民族精神的重要。

的確，如果檢視平安時代以來就廢除死刑的事實，日本似乎真的是個和平的國家。但是這種和平只限定於法律上的規定（平安中後期就算作出死刑判決，也會被減一等為流放刑）和王朝貴族間的一種優雅意識。這種優雅意識並非建立在對生命的尊重或什麼普世價值，而是基於佛教影響怕殺生造

1 十七條憲法是否真為聖德太子所作至今仍有爭議，但是作為反映日本人傳統意識的文本是絲毫不失其價值的。

保元之亂

朝廷 V.S **院政**

後白河天皇　　崇德上皇

藤原通憲　藤原忠通

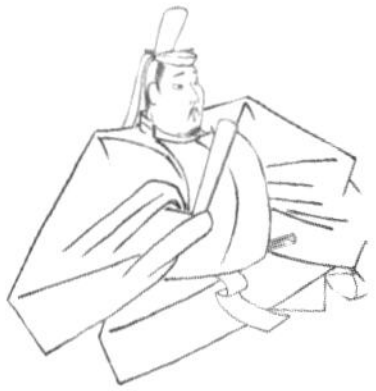

平清盛　源義朝

勝

藤原賴長　源爲朝

平忠正　源爲義

敗

天皇家怨念爆發　武士漸趨強大

平安時代末年的天皇家怪物白河法皇，用「院政」這種前天皇控制現任天皇的變形統治方式，成爲壓制藤原家等攝關體制貴族勢力的「治天之君」，也就是絕對的權力者。但這個強勢的領導者也爲後世留下了天皇家就此受控於武士的禍因，白河法皇的最大負面遺產就是保元之亂。

白河法皇的孫子鳥羽天皇一直受制於自己的祖父白河法皇，而且鳥羽天皇之子、也就是後來的崇德天皇被坊間傳言是白河法皇的私生子，因此鳥羽天皇始終嫌惡自己的兒子崇德，稱其爲「叔父子」（雖然是自己兒子，但其實是叔叔）。

鳥羽天皇成爲上皇後，同樣用各種方式修理崇德天皇，甚至透過半欺騙的方式要他讓位，讓崇德天皇失去後代繼承皇位的資格。在鳥羽上皇死去、後白河天皇（崇德帝的同母弟）繼位後，這種怨念終於爆發，雙方各位帶著有利害衝突或爭奪家族首領地位的武士和貴族開戰，這就是所謂的保元之亂。各武士家族爲了不押單邊、以防失敗時全族滅亡的保險策略，出現了平忠正與平清盛叔侄、源爲義與源義朝父子分站兩邊的情形。但是在分出勝敗後的戰後處理上，天皇家和貴族卻無視己方武士的求情，無情地命令武士監斬自己的叔父甚至親生父親。這也間接導致武士後來愈趨強大後，終於取代並壓制貴族，並且將天皇家架空、直接掌握朝政的遠因。

（資料整理：遠足文化編輯部）

業、或是傳統信仰中對於怨靈的畏怖而產生的結果，裡面沒有什麼博愛的高尚精神元素。一方面，在沒有死刑的時代，對反亂者的彈壓和征討從未少過，征戰過程中造成的殺害死亡亦不在此限。時值平安時代最末期，參與崇德上皇與後白河天皇政爭落敗的武士源為義和平忠正便遭到處斬，宣告了死刑的復活。源為義是源義朝的父親、也就是後來的幕府將軍源賴朝的祖父，平忠正的親姪子則是另一位大名鼎鼎的平清盛。當時朝廷對兩人處以死刑，讓平清盛監斬自己的叔叔就算了，還命令源義朝監斬自己的父親。

死刑的復活首先施行在當時被視為天皇家番犬的武士身上，朝廷甚至發布這種違背人倫的命令。可見這些崇尚潔淨，因為害怕死亡帶來的「污穢」[2]而不動用死刑的貴族們，其實起心動念為的只是利己的精神潔癖，當對象換成他們認為根本是「人間以下」的武士時，動用死刑或殺害就沒那麼大件事

2 蔡亦竹（2016）《表裏日本》遠足文化 P85-87。

了。況且武士日常以動武和殺生為業，本身又是平安貴族每天脫離現實、一味追求優雅和精神主義所產生出來的反抗勢力，因此在平安末期死刑復活後，後來的武士政權也繼續沿用這種刑罰。關於日本文化中對於「清淨」的思考，我們會在另一章作討論。但是崇尚武力的武士奪得政權後，除了像足利尊氏、德川家康這種擁有絕對個人魅力的獨裁英雄型領袖外，其實就連所謂的幕府，只要進入安定時期就毫無例外地變成群體決策型態，其精神類似於今天的合議制。由此看來，就連尚武的武士們，都無法掙脫「和」的控制。

從平安王朝文化延伸出來的貴族愛好和平精神，講難聽點就是一種「假掰」，是不想讓自己雙手染血和讓死亡的污穢靠近自己的假高尚而已。這種假掰並沒有滲透到一般的平民階層。出現於江戶時代的歌舞伎劇目《菅原伝授手習鑑》，描繪的雖然是知名的菅原道真被中傷流放後抑鬱而終，最終在其子菅秀才的時候獲得平反的故事，但是其劇情卻與正史不同，並非將政敵流放到外地，而是在道真死後，藤原家還派出殺手打算幹掉仇人

出現於江戶時代的歌舞伎劇目《菅原伝授手習鑑》，描繪的雖然是知名的菅原道真被中傷流放後抑鬱而終，最終在其子菅秀才的時候獲得平反的故事，但是其劇情卻與正史不同，並非將政敵流放到外地，而是在道真死後，藤原家還派出殺手打算幹掉仇人之子，甚至出現下人爲解救菅公後代砍下自己兒子首級，欺騙前來滅口的追兵這種慘烈情節。

（資料整理：遠足文化編輯部）

之子，甚至出現下人為解救菅公後代砍下自己兒子首級，欺騙前來滅口的追兵這種慘烈情節[3]。可見日本人與中國人、台灣人相較並沒有比較文明理性，所謂的「和」絕不是我們現代人所主張的和平精神，而是另一種有趣的精神構造。

對外的殘虐性與「和」的矛盾

剛才也提到，日本人比起週邊其他民族並沒有比較溫良恭儉讓。至今仍爭論不休的南京大屠殺或南洋方面的日軍虐殺華人事件，及更早之前「大明打入」（征韓之役）時日本軍的表現，都讓人覺得日本人似乎有種殘暴的天性，很難與「和」這個字聯想在一起。有關南京大屠殺的真偽和過程，長期以來正反雙方始終論戰不止，這並非本章的重點。然而二戰前後在新加坡對於所謂「敵性華人」的虐殺事件，卻早已獲得證實而沒有什麼辯明的餘地。

二戰前後的日本軍部——尤其是參謀本部，的確存在著許多一路由軍校系統培養、缺乏社會常識而且極端自以為是的無能軍官。惡名昭彰的「鬼畜」牟田口廉也[4]與辻政信，可以說是其中代表人物。其中辻政信在敗戰後逃亡，躲過戰犯審判，日後成為國會議員深受日本部分人士愛戴。但同時這位在東南亞殺害無數敵我雙方人命的參謀軍官，也被視為日本「無責任男」的典型。

不過如果把所有日本人在戰爭期間所作出的殘酷行為，全都推給軍部這些貨色，似乎也是另一種「無責任」。因為日本從過去到現在從沒少過各種集體殘酷行為，特別是在日本大眾文化的推波助瀾下，砍小孩頭啦殺人丟水泥桶啦或者其他集體暴力舉動，從外部看來簡直獵奇殘忍百科全集。這些殘酷特性和「和」這種日本特質，也似乎背道而馳且互相矛盾。

3 会田雄次（1988）《歴史小説の読み方》PHP研究所　P67-70。
4 半藤一利（2012）《昭和史》平凡社。

和台灣有點緣分的前日本首相中曾根康弘在一九八六年就搞出了著名的「知識水準發言」失言事件。在某場研修會時中曾根是這麼說的：

「日本已經是個高學歷的高知識社會了，尤其和美國相比更是明顯。美國有黑人啦波多黎各人啦墨西哥人啦那些，平均來看水準還是很低的」。

這段話傳出來之後當然立刻「炎上」[5]，尤其是在被擺上台的美國。當時適逢日美貿易摩擦正嚴重的時代，所以不久之後中曾根只好出來解釋：

「美國有阿波羅計劃和戰略防衛構想（星戰計劃）等重大成果，因為他們是多元民族，所以教育上當然會有所不及之處。由於日本是單一民族，我們比較容易著手。如果看完演說全文就可以知道我不是在毀謗他國，或是種族歧視」。

這段話雖然在對美官方關係上稍微止了血，卻在日本國內點燃了新的火種。因為「單一民族」立刻否定了北海道愛奴人這支先住民族的存在，甚至無視琉球王國根本就是在明治之後才正式併入日本版圖的政治事實。上述言論引發了許多批評，但是從這個現象，可以看出當時隨著經濟強力發展，日本國內產生的日本文化研究和自我讚美風氣有多盛行。

不可否認的，「大東亞共榮圈」的夢想背後是數百萬亞洲人的性命犧牲，而在一九四三年由厚生省主導的《以大和民族為中心的世界政策》也明確提出了亞洲該以作為主人的大和民族佔優勢地位來領導其他民族[6]。

正如筆者在其他著作中經常提到的，「清淨」是日本神道的信仰根基之一，是日本文化底流的一部分。以《擁抱敗戰》（Embracing Defeat: Japan in the Wake of World War II）[7]一書聞名的約翰道爾（John W. Dower）也曾主張，日本與美國敵對時，美國基於白人至上的心理把日本人看成黃色猿猴，日本的領導者和思想家們則以民族和文化的「清淨」作為根本思想，將

5 編按：不可收拾的事態。

6 ジョン・ダワー（2001）《容赦なき戦争—太平洋戦争における人種差別》平凡社 P32-34。

7 編按：繁體中文版於二〇一七年由遠足文化出版

戰爭和大量死亡視為一種淨化的過程。這種思想除了來自於傳統信仰外，更連結到傳統的「外來者」思想，進而把美國等白人國家當作不淨且需要排除的他者[8]。當然，二戰時無論日本或美國方面都有極端的殘暴行為，在後來發現的日本士兵日記中，就曾詳述如何虐殺美國士兵，不但毫無憐憫之心而且看著美軍士兵屍體像是「看著白色的人偶頭」。美軍在二戰期間收集日本兵頭蓋骨，甚至戰後拿回去當擺飾戰利品的行為，似乎並沒有高明到哪裏去。

在戰爭中殘酷的不只日本人，殘酷的表現方式也不僅只於殺戮與傷害。一如歷史學者會田雄次在《阿弄集中營》（アーロン収容所）中所描述的自身戰俘經驗，英軍或許不像傳說中的日軍一般，直接傷害虐待戰俘，但是他們卻像對待動物一樣看待當地人的屍體、女性軍屬在沐浴或換衣服時完全不在意日本俘虜入內清掃（因為根本不認為對方是「人」），會田等戰俘兩年間從來沒聽過英軍說過一句「THANK YOU」，給戰俘的香煙也是丟在地上之後用下巴示意要對方去撿。甚至還發生過如廁間被日本戰俘不小心闖入後，要戰俘跪著直接小便進對方嘴裡的過分行為[9]。「文明」永遠只是個相對的概念，尤其是戰爭這種極端非日常時期。不過相對被視為柔順的日本人會出現二戰期間的殘虐行為，仍是我們必須去探討的主題。戰後數十年的中曾根發言，也正好證明二戰時因為殺戮而激化的日本單一民族論和排外心理，其實還潛藏在日本人的內心底流。針對此一排外心理，研究結果大多與大日本帝國的國族認同相聯結。這是我覺得必須重新探討的部分。因為站在一個民俗學研究者的立場，所謂的國族意識必須建立在當地各種大小族群和共同體的基礎上才能成立。如果把日本人的自傲和排外全都歸罪於大日本帝國的成立和向外擴張的意識型態，則一方面太過高估明治政府成立後由上到下的政治強制力，另一方面也不免小看明治以前千年以上的日本民族傳統。簡單來說，我認為上述的民族特性不是國家近代化後才突然形成，相反地，這些感情是從

8 ジョン・ダワー（2001）《容赦なき戦争—太平洋戦争における人種差別》平凡社 P36-38、44。

9 会田雄次（1973）《アーロン収容所》中公文庫 P46-49。

民間長時間培養的特性中增殖出來的。而這個特性就是日本人的村落社會性格。

日本的古稱「倭」發音為「わ」（WA），代表日本的「わ」又被寫成「和」，日本的美稱「やまと」（YAMATO）也可以漢字「大和」表示。就像之前所說的「和」是日本精神的源頭，那麼這種源頭的形成背景或許也可以從「わ」之中得到一點啟示。不止上述單字，「わ」在日文中最常用的其實是「輪」、「環」，意即「圓形」。所以在日文裡和平的狀態、圓滿的形狀、甚至國名的「倭」，都是一樣念「わ」。更有趣的是，上古時代的日本聚落樣式「環濠聚落」，也就是在村落周圍挖出深溝作為防禦工事、居民在深溝圍住的區域裡生活的形態。這種聚落形態一直被繼承到中世時代，形成日本人除了家族組織外的共同體「內」、「外」意識。在「環」之內的自己人，由於生活在與外界隔絕的共同空間裡，所以形成了上一章提到的公眾意識「世間體」，而為了維持自己與他者生活的和諧，所以和生活空間一樣「圓滿」的「和」，自然成

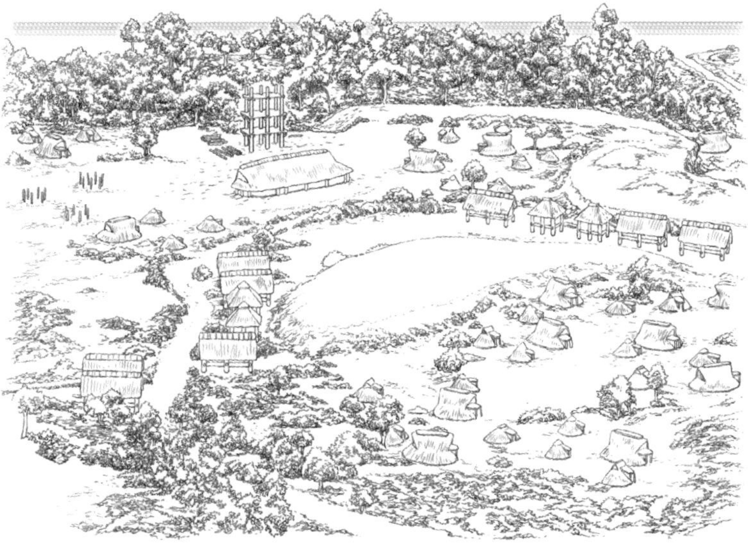

上古時代的日本聚落樣式「環濠聚落」，就是在村落周圍挖出深溝作爲防禦工事、居民在深溝圍住的區域裡生活的形態。這種聚落形態一直被繼承到中世時代，形成日本人除了家族組織外的共同體「內」、「外」意識。

（資料整理：遠足文化編輯部）

為日本村落社會的最高價值。

當然，村落共同體這種形態並不只限於日本社會，同時也散見世界各地。但是就像風土論所強調的，被稱為島國的日本往往容易被忽略其高山眾多致使水流湍急、切削出破碎的河谷地形。現在前往日本自助旅遊非常方便，如果你在日本的鄉間地方

山谷聚落

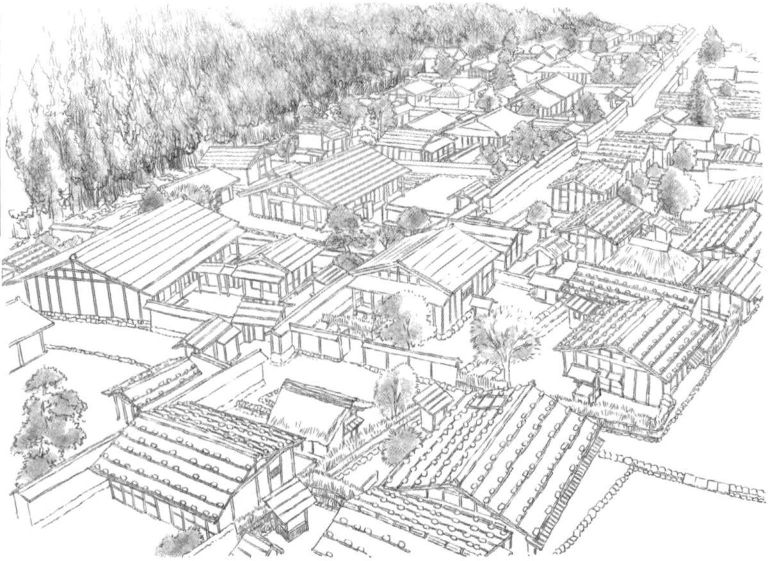

過去日本人因爲灌溉和農耕，以及易於防禦的關係，傾向在山谷間的低地或盆地構築聚落，像戰國時代著名的越前朝倉氏一乘谷城，其城下町就是建設在兩側被山丘包圍的山谷地帶。

（資料整理：遠足文化編輯部）

自駕走上幾天，就會發現這裡除了是島國之外更是個山之國度。

過去日本人因為灌溉和農耕，以及易於防禦的關係，傾向在山谷間的低地或盆地構築聚落，像戰國時代著名的越前朝倉氏一乘谷城，其城下町就是建設在兩側被山丘包圍的山谷地帶。另外「自由之丘」、「六本木之丘」這種以山坡地為貴的新風

山坡聚落

「自由之丘」、「六本木之丘」這種以山坡地為貴的新風潮，其實是在明治時代之後才興起的，其中一個原因是外國人進來之後，紛紛在神戶、橫濱等面對港口的山坡地建設異人館，讓這種原本日本人眼中種不出什麼好作物的地區，變得先進時尚了起來。

（資料整理：遠足文化編輯部）

潮，其實是在明治時代之後才興起的，其中一個原因是外國人進來之後，紛紛在神戶、橫濱等面對港口的山坡地建設異人館，讓這種原本日本人眼中種不出什麼好作物的地區，變得先進時尚了起來。由於古來就喜好居住在山谷間的低濕地，為了防範洪水，日本特殊的「農業土木」（真的英文就翻成

「NOGYODOBOKU」）極為發達[10]。目前東京黃金地帶山手線的「山手」意思是山坡地，在過去也是江戶中下級武士的居住地，因此才成為當時興建鐵道的徵收地段。而這種喜好居住於山谷間、某種程度上與他者隔絕的天然環境，也強化了日本人的村落社會性格。受此性格影響，共同體成員很容易將外來者或共同體外的其他人，當成和自己不一樣的人種，並容易發展出對外的殘忍特質和不當言行。這就是中曾根康弘失言的源頭。村落社會意識發展到「日本國」這個共同體後，自然會產生「單一民族」這種乖離於現實的錯覺。而對外的暴力性格也正是約翰道爾所提出「排除外者的清淨過程」，讓以和為貴的日本國民可以像殺豬殺狗般對待白人敵軍。

但是在日本戰敗、GHQ成為日本人的新主人之後，日本因為共同體的構造被強大的外力改變而順應新的共同體「空氣」，成為最模範的良馴戰敗國民，這也是歐美人眼中日本人最不可思議之處。但這並不代表日本人沒有節操和基準，而是在村落社會的習性驅使下，被視為最高價值的共同體形態本身的更改所帶來的變貌。在日本人深處，他們一直都懷抱「以和為貴」的心態。只不過美國人以前是大日本帝國的外者，今天美軍成了日本國頂上的統治者，是新的共同體上層一員，如此而已。

向內的暴力——村落組織的壓力來源

日本的村落社會並不一定只有「以和為貴」這種美德——雖然這種美德有時候也是種讓人窒息的無形壓力。村落社會裡的習俗甚至會帶來更直接的傷害。剛剛我們談到了村落社會對外的殘虐性，接著我們來看看村落社會中對內的暴力性格。

之前提到，中根千枝的《縱向社會的人際關係》的確是一本解讀日本社

10 司馬遼太郎（1993）《この国のかたち（一）》文藝春秋 P217-225。

何謂郎黨

郎黨是一種擬似血緣組織式的團體，源自武士發展初期在地民眾與軍事貴族間的主從關係。郎黨的概念也沿伸出日後各地「寄親」、「寄子」的獨特風俗。這種把保護者、主君視爲父親而集結於其下的概念，甚至影響到日後的日本黑社會組織構成，和一般會社公司中成員的共同意識。

（資料整理：遠足文化編輯部）

會構造的經典。但是書中一邊強調日本是由上對下的縱向社會，比方各種職場、學校社團裡嚴格的前後輩關係，一邊也提到同學、公司裡同期社員間同期壓力和「場」的概念。相較於職種，日本人在自我介紹時更強調公司名稱此一場域意識，這是來自日本傳統社會中對於「家」的概念。也因此過去後藤新平在擔任國鐵總裁時，才會提出所謂「國鐵一家」的口號，而比起自己的親兄弟姐妹，進入「家」這個範圍裡的媳婦和婿養子（贅婿）[11]地位更為重要。也因為這種概念的擴張，形成過去武士團以首領「棟樑」為頂點的「一族郎黨」集團，至今則演化成上述的職場觀。

中根千枝在書中雖然也提到了日本年功序列制按照年資升遷的特色，讓同期的伙伴們彼此有「同梯的」連帶感，卻也因為如此會產生誰升官、誰沒升的無形壓力。這種過度強調上下縱向關係的論述，也沒能解釋日本常見的霸凌、排擠等來自同階級的暴力。況且學長學弟看似上下有別，即使是一年級、三年級之廢，但嚴格說來同為學生；在軍隊裡，老兵和菜鳥也都是二等兵。日本職場常見的霸凌多半來自職等、待遇一模一樣的同事，只是資格比較老一點而已。在妖怪漫畫大師水木茂描寫自己半生的大作《昭和史》中，

11　中根千枝（1967）《タテ社会の人間関係》講談社 P18-31。

生性樂天的水木茂進入軍隊之後，剛開始幾乎天天挨揍、天天被修理。但是這些修理除了來自長官外，最多的還是跟他一樣只是士兵的學長們[12]。學長欺侮學弟在包括台灣的各國軍中都很常見，但是很少像舊日本軍這麼理所當然、甚至制度化的。

要了解這種日本常見的潛在暴力文化，我們還是得從「村落社會」這個關鍵字來看。

的確，「家」是村落組成的基本單位，也是日本民俗學最多的討論主題之一。「家」是日本人生活、祭祀的最基礎集合體，也是連結個人與村落社會這個「世間體」之間的存在。傳統的日本家族就像施行家督制（家族的首領），其實充滿了階級制度。通常家督由長子繼承，過去在日本東北等地也有所謂「姐家督」制度，若第一個小孩是女生，就由她招夫入贅繼承家業，是一種不分男女的長子繼承制度。但是這種制度卻被明治國家的民法否定，採用絕對的長男繼承制[13]。

過去的武士家族為了防止土地的細分，採取財產完全由「嫡男」繼承的方式，而其他的兄弟只能在家中留下一個房間居住，一生要為長兄作事，這種身分被稱為「食客」（部屋住み）。這種人通常會選擇出外尋找自己的新天地，否則接下來一輩子還鑾沒有希望的。放眼現代雖然在財產上較少長男全拿的極端事例，但是先祖的祭祀權確實由長男完全繼承，而不像台灣的公媽可以在兄弟間數量無限增殖。也因為這種伴隨著祭祀的「本家」權威，所以日本本家和分家之間的上下關係相當明顯，在比較傳統的地區，村落裡還會因為這樣而有所謂的「家格」差異。這種家格差異會出現在各種儀式的座位順位、尊卑大小、甚至在過去社會裡會直接反應在土地財產分配的上下關係[14]。日本村落的組成，有許多就是這種本家分家的親屬關係擴張的結果。

12 水木茂（2017）《昭和史 2》遠足文化 P203-237。
13 古家信平 等（2009）《図説 日本民俗学》吉川弘文館 P54-59。
14 古家信平 等（2009）《図説 日本民俗学》吉川弘文館 P68-71。

因此日本村落社會裡的制裁機制「村八分」，許多時候是以「家」為單位的。也就是說如果某人因為作人太機車被村八分，則他的妻子甚至兒子都會成為村八分排擠的對象——雖然在大多數的例子中，其實兒子什麼事情都沒做壓根不關他事。個人在思考世間體對自己的看法而作出應對之舉時，通常也以家族為單位。比方說日本傳統上最害怕的火災，如果自己家成了出火源頭，那麼後面的收尾是相當費事的。過去只要發生火災，村落裡的消防員（通常都是由帶點「兄弟」風格的族群擔任）在滅火完後會留下「消火札」[15]。戶主在事後必須將把現場的消火札拿回消火組，和「大人」同行並且附上二升的酒，出火源頭的戶主還得光著腳走遍整個村落謝罪，感覺上有點像台灣的「洗門風」這樣。在米澤市上鄉等地，還有出火源頭的戶主只能在整個村落的下風處重建房子，自己也必須搬到新房子居住的這種風俗[16]。像這種由「家」連結個人與村落社會的形態，對日本民族的性格形成造成非常強烈的影響。這一方面讓日本擁有重視地域社會的傳統，這也是為什麼在近年流行的地方創生與社區營造上，日本的成績一直比台灣理想的理由。但是另一方面，由於這種個人、家、村落的連結關係，也讓日本人「往內尋找敵人」的傾向較其他民族更強。簡單來說，就是在村落社會的共同體裡，因為村落是由許多家庭組成，所以別家的小孩就成了自己小孩的讀書競爭對象，正因如此，他們互相意識、互相比較甚至彼此扯後腿的程度也遠超過台灣。這種感情發展到極致，誠如像芥川龍之介筆下「他人的不幸甜如蜜」這種扭曲的感情。芥川小說中有對沒有小孩的夫婦，太太非常疼愛隔壁家的小朋友。結果小朋友某天生病死了，太太一直哭著對老公說那個小孩多麼可憐，突然老公對太太說道：

「看妳應該是很開心吧！明明就好像很高興的樣子！」

那位太太也是懂得檢討自己的人。經老公這麼一說她先是嚇了一跳，接

15 編按：札，指的是牌子或貼紙。。

16 古家信平 等（2008）《日本の民俗 5》吉川弘文館 P107。

著繼續哭訴自責：

「是的。我心裡真的暗自覺得高興。我真是個差勁的女人！」[17]

這就是日本村落社會向內的陰濕壓力。也是日本同期間出人頭相互競爭的真正原因，及六、七〇年代左派青年間發生恐怖內部暴力殺戮的精神源頭[18]。當我們討論這種橫向壓力時，一定得解說村落社會中的各種同儕團體。在日本各地的村落裡，通常都有所謂的「若者宿」，若者宿就是鄉裡的年輕人在到達某個年紀（通常是開始使用丁字褲的虛歲十五歲時）之後，會有一段時間大家一起過集合生活，由年長者教導（有時候會使用暴力）年幼者身為男人應該學會和應該注意的事項，當中也包括了一些色色的事（笑）。

在西鄉隆盛出身的薩摩地區，這種組織叫作「鄉中」，西日本地區年輕人的領袖被稱為「若眾頭」，薩摩地區的則叫「鄉中頭」。若眾頭和鄉中頭在村裡集會的時候，地位和村長同格。但是若眾頭通常會在十八、九歲的時候引退，進入成年男子的團體，成為最菜的一員。司馬遼太郎回想起自己入伍時後被編入所謂「內務班」和隔壁班進行競爭時，就驚覺到這種以若者宿為原型的集合團體傳統，對日本人影響深遠，以至於競爭時幾乎是把隔壁班成員當作外國人看待般，激烈對抗。若者宿的傳統其實從兒童時期就開始，日本的小孩們經常會以地區為單位集合起來，互相丟石頭、打架，而這種文化也讓年幼的司馬第一次感受到以村落為主體的「公」的存在。司馬認為，過去日本對於若者宿的民俗研究不多的原因，是因為明治政府把這種文化當成落伍反動的象徵並加以打壓（對，就是因為若者宿會教一些色色的事），改由國家支配的「青年團」主導[19]。

司馬所提到的村落間兒童「戰爭」，其實在水木茂的《昭和史》中也曾提到。裡面拿石頭互K只是基本款，進到鄰村慘遭捕獲的小孩被強餵塗上「味

17 編按：出自其作品《母》。

18 会田雄次（1972）《日本人の意識構造》講談社 P27-30。

19 司馬遼太郎（1993）《この国のかたち（一）》文藝春秋 P169-176。

噌」（鼻涕）的烤蟾蜍，村裡兒童軍團的報復手段則是抓到對方的「大將」，將其綁在柱上痛打，再回敬以「燒味噌」，餵他吃屎[20]。若沒有強烈的村落社會文化影響下形成的共同意識，很難想像小孩間會有這種「無仁義之戰」發生。另一方面，其實司馬口中「不發達」的若者宿民俗考察，在九〇年代之後出現了許多研究成果。我在筑波大學的學長、目前任教於北海道教育大學的宮前耕史教授就是當中的傑出學者。根據宮前的研究，日本人的一生其實有許多「通過儀式」，比方生產、七五三、成人式、厄年（簡單講就是日本的犯太歲）、結婚、還曆（六十歲）、死亡時的葬禮等，也因此在村落中會有各個年齡的同齡團體，而若者宿（或稱若者組）就是其中一個。到了十五歲虛歲後，通常青少年會被交待一個任務，例如獨自抬起多重的重量、單獨從事農務作業，甚至出外旅行並且去「開查某」等，完成之後才被允許加入若者組。同樣的，女性也有類似的同齡團體，通常藉由改變服裝或其他儀式來完成加入團體的考驗[21]。

看到這裡，就能得知日本的村落社會除了整體的約束外，其實還有種種同齡團體間互相比較等多重人際關係，並不像我們所想的那麼單純善良。所謂的比較，來自加入團體時各種通過儀式的考驗，如果是試力會有強弱不同，如果是試膽會有「叫小賀」[22]和「龜仔子」[23]的差別。而這也會左右進入團體後成員間的人際力學，因為優劣之分讓青年間出現微妙的化學反應。在戰前，判斷一名男子的好壞，最重要的基準就是通過徵兵檢查。在軍國主義氣氛濃厚的當下，更讓一般人心生「去當完兵回來才算是個獨當一面的男子漢」的觀念。徵兵檢查會在二十足歲時進行，若沒通過檢查，將來要娶老婆都會因為「不是個真男人」大受影響。

20 水木茂（2017）《昭和史 1》遠足文化 P220-244。
21 宮前耕史（2014）「青年と成人儀礼」《日本人の一生 通過儀礼の民俗学》八千代出版 P89-94。
22 編按：台語，有膽識、有種。
23 編按：台語，沒擔當、縮頭烏龜。

日俄戰爭過後，日本在國家主導下以天皇制為中心，從義務教育到青年團（改良自村落的若者宿）、再經過徵兵檢查後服兵役，至退伍後回鄉參加「在鄉軍人會」等一連串流程，規劃出一個巨大的年齡階段式國家。戰後大日本帝國消滅，「徵兵檢查過後才是真男人」的思考卻沒有隨之根絕。於是一九四六年在琦玉縣蕨市首次以滿二十歲男女為對象，舉辦了所謂的「成人式」，並且在媒體的介紹下普及全國，最終將一月的第二個星期一定為國家假日「成人之日」[24]。也因此我們今天可以看到許多穿著美美和服的女性新成人參加儀式，或是各地日本「八加九」種種暴走風格大鬧會場的熱鬧場景。

過去的台灣，的確也存在「男生就是要當完兵才有男子氣概」的觀念，但這種風氣隨著時代的改變逐漸式微。事實上在金門當了兩年兵的我，除了當時身體真的有變好之外，學到的很多都是軍中的不良習慣和公部門打混的秘訣（笑）。今天的日本新成人們在參加成人式時，或許已經鮮少知道成人式是源自徵兵檢查的傳統，但是這種傳統卻更改形式繼續流傳至今。

戰前通過徵兵檢查就是男子漢，相反地，如果沒有通過，就可能一輩子被貼上「無用」的標籤。這種殘酷的現實，加上日本獨特的若眾文化以及當中內含的「色色」成分，其實除了影響日本人的深層心意至今外，其陰暗面更催生日本史上最可怕的虐殺慘案。

這個慘案就是犧牲三十個人的津山事件。

日本的恐怖暗處——津山事件

很多六七年級的朋友應該對《GTO》這部漫畫很熟悉。這部漫畫裡的破天荒教師鬼塚英吉在初入某高中實習時，因為純（發？）情被一群惡少聯合漂亮的女學生仙人跳。惡少們在井之頭公園裡慶祝釣到肥

24 宮前耕史（2014）「青年と成人儀礼」《日本人の一生　通過儀礼の民俗学》八千代出版 P94-96。

都井穿上高領黑色學生服，腳底踩著地下足袋、打上綁腿，頭上在左右綁了兩根手電筒，脖子上吊掛腳踏車用的照明燈，斜背裝著子彈的彈藥袋，腰上插了一把日本刀和兩把匕首——以這樣光憑想像就感覺詭異的打扮和裝備，都井睦雄展開了他的殺戮之夜。

羊之際，突然被一大群暴走族團團圍住，被前暴走族頭目鬼塚「老師」帶領的暴走族打了個半死。這段搞笑情節應該讓看過這部作品的朋友們印象深刻。不知大家是否留意到鬼塚老師當時的特殊裝扮——頭上綁著「南無阿彌陀佛」的頭巾，還插著兩根手電筒。

其實這是作者埋的地獄梗。

鬼塚老師當下不但想復仇，而且要「虐殺」這些整他的學生。他的特殊裝扮正好傳達其意志。因為許多日本人都知道，這個頭綁兩根手電筒的怪異打扮，正起源自日本史上最惡屠殺犯罪案件「津山事件」裡犯人的穿著。津山事件也被近期的北海道漫畫《黃金神威》（ゴールデンカムイ）當成題材之一，並成為著名的金田一偵探系列作品《八墓村》的直接取材藍本。《GTO》裡鬼塚的打扮就是《八墓村》中要屠殺全村的瘋狂殺手模樣。這個發生在一九三八年的岡山縣、單一犯人殺死三十名村民幾乎滅村的慘劇，一直都是日本獵奇故事的靈感來源，而這個故事同時隱藏了許多日本村落社會的黑暗面。由於這些黑暗面與「文明開化」相去甚遠，並且發生在二戰前夕、中日戰爭已經爆發的年代，所以至今對於事件的起因和其中人性的醜惡交織、村落社會裡的陋俗，在日本仍存在著相當論爭。

一九三八年，在一個中日戰爭已經爆發、日本即將頒布國家總動員法、軍國氣氛濃厚的春天夜晚，岡山縣苫田郡加茂村的年輕居民都井睦雄寫好了幾封遺書，準備著手日本史上最恐怖的殺人事件。

都井穿上高領黑色學生服，腳底踩著地下足袋、打上綁腿，頭上在左右綁了兩根手電筒，脖子上吊掛腳踏車用的照明燈，斜背裝著子彈的彈藥袋，腰上插了一把日本刀和兩把匕首[25]——以這樣光憑想像就感覺詭異的打扮和裝備，都井睦雄展開了他的殺戮之夜。

都井先是以「不忍留下阿嬤一個人」為由，用斧頭砍下了養大自己的祖母首級。接著進入隔壁的丹羽系家中，將她殺成重傷（隔天死亡），再用日本刀和獵槍殺死睡在一旁的丹羽女兒，然後殺掉寺井政一全家五口、寺井好二全家，最後瘋狂襲擊仍在睡夢中的附近村民，共波及十二戶人家，造成現場死亡二十八人、重傷後死亡二人、傷者三人，最後都井自殺幹掉自己的「津山三十人屠殺」慘劇。而根據當時的驗屍記錄，犯罪現場根本各種內臟飛濺、碎骨分屍的恐怖電影場景大集合[26]。

更讓人不舒服的，是負責《津山事件報告書》的鹽田檢事（檢察官）推論。這本報告書的原本在戰後被送到史丹福大學，在日本國內到現在仍屬於機密文件之一。如果有興趣的朋友可以估狗一下「津山事件報告書」，就能看到犯案現場的照片。

但是後果請自行負責。

鹽田指出，昭和十二年十二月號的《少年俱樂部》某張「珍案步哨」漫畫，或許對都井的犯案造成極大影響。《少年俱樂部》是當時大日本雄辯會（後來的講談社）發行的一部漫畫週刊，為了「鼓舞少年們的愛國情操」，所以自一九三七年開始內容都會受到軍部的事先審查。也因為這樣，漫畫的內容走向讚美皇軍的英勇和戰爭的神聖。這張「珍案步哨」以在中國作戰的站哨士兵為主角，畫中人物耳朵戴著集音器、身上掛著大聲公、槍上裝有手電筒。被哨兵檢查的則是典型口操奇怪日文的中國人，漫畫中說這樣的裝

25 筑波昭（2005）《津山三十人殺し》新潮文庫　P313。
26 筑波昭（2005）《津山三十人殺し》新潮文庫　P28-36。

扮可以「迅速發現可疑人士」。根據鹽田的調查，都井平日就愛讀《少年俱樂部》，而這張漫畫給了他現實中的行凶靈感。

根本八十年前的GTA現實版啊。

言歸正傳，津山事件報告書裡的許多內容，從今天的角度來看彷彿歧視大全集。一下子村落風俗紊亂一下子深山偏鄉知識水準低落，最後連岡山人「生性狡滑」、整個村落都給人陰沉慘淡印象這種大絕招全出現在官方文書裡。最後，官方整理出的犯行動機是①犯人的變態性格②疾病導致的厭世觀③向背叛自己的女人們復仇，這三點要素[27]。根據都井自己的遺書內容，他本來是個正常認真的小孩，但先是罹患肋膜炎而留級，後來染上恐怖的傳染病肺結核。在當時，得到這種近乎於絕症的病人，會因為村民害怕被傳染，以整個家庭為單位遭受隔離排擠，直至類似「村八分」的程度。漫畫《黃金神威》裡的主角杉元就因為家人染上結核死光，遭受村民排擠因而離開故鄉。

由於村落對病人的歧視，再加上過去好幾位和自己有性愛關係的女人都源於疾病之故疏遠、甚至為求自保轉而嘲笑自己，都井決定趁著還有能力行動時殺死這些怨敵，報復這些可惡的人[28]。這些和他有過性愛關係的女人——其中好幾個甚至是有夫之婦，其中一位因為不在村莊逃過一劫，也在偵察中承認村落中混亂的男女關係[29]。

上述混亂的男女關係和因為「村八分」產生的霸凌現象，我們等等再詳細討論。但是這件慘案之所以發生，其實和當時整個日本充滿軍國主義的壓迫性空氣有極大關係。首先，由於戰爭徵兵的關係，該村的巡查被徵召出征、村裡根本沒有警察，以至於事件發生後村民報案都得跑到鄰村的分駐所，大幅降低都井犯案的難度[30]。再者，事件後犯人都井自殺留下的遺書中，寫著

27 筑波昭（2005）《津山三十人殺し》新潮文庫　P80-84、124-125。
28 筑波昭（2005）《津山三十人殺し》新潮文庫　P37-44。
29 筑波昭（2005）《津山三十人殺し》新潮文庫　P54-56。
30 筑波昭（2005）《津山三十人殺し》新潮文庫　P18。

「在非常時局下的國民不問老幼，每個人都抱著希望活躍著，卻只有我帶著幻滅的悲哀離開人世」、「如果是戰死或是為國家而死還好，像我這樣的人不管任何理由，就算死了也是個大罪人」等句子[31]。都井就算犯下滔天大罪、早已決心一死，也還抱持著對不起國家民族的心態。可見想不開的都井除了無法逃離津山這個村落構成的世間體外，作為一個日本國民，他即使面臨死亡，意識也從未被大日本帝國這個明治時代之後形成的國家級世間體放過。而讓他成為笑柄、最後拿起凶器的關鍵「徵兵檢查」，現在則是換成「成人式」這個模式，繼續繼承村落社會裡同齡團體的共同意識。

在每年一月的第二個星期一，打扮光鮮的新成人們和歡聲笑語的背後，其實存在著這麼一段壓抑的過去。

村落社會的暗黑風俗——「村八分」與「夜爬」

我們多次提到的「村八分」，算是村落社會中相當嚴厲的非官方制裁。許多文獻都指出村八分的語源是斷絕八成的來往，只留下火災、喪禮這兩種絕對必要的互助形式。但也有另一種相反的解釋，認為這代表「原本完整十分的交往僅留下八分」之意。在民俗用語的考察中，「八分」的日文念法「ハチブ」（hachibu）於許多地方的方言中原本就是「隔離」的意思，而在某些地區也採用另外一種說法「別鍋」，意即不讓這家人跟大家一起吃飯。日本村落傳統的制裁方式，包括有：

①放逐

②絕交

31 筑波昭（2005）《津山三十人殺し》新潮文庫 P44-47。

③沒收財產
④禁足
⑤體罰與暴力
⑥公開「洗臉」或丟「屎缺」給當事人
⑦諷刺嘲笑
⑧公開道歉
⑨辱罵及私底下的壞話

等等這些招數。而其中的②幾乎等同村八分，也就是村落規模的霸凌排擠。被村八分的理由一般有暴力、通姦、竊盜、殺人、失火、違反規定、共同作業打混或不參加等「破壞村落和諧」的行為，由村落召開會議後，決定對其施予村八分制裁，且效力遍及當事者的家人，進行以「家」為單位的隔離。在某些地區，村八分甚至斷絕剛才提到的火災、葬禮、生病援助，等於判了當事者在村落社會中的人格死刑[32]。

當然，現在許多日本人已經不住在村落而生活在都市裡，況且在人權高漲的時代，這種幾乎以眾凌寡的行為也讓一般公民社會無法接受。所以村八分似乎已然成為過去，只存在日本人的傳統思考中。但是如果參考實際數據，會發現在六、七〇年代人口快速移往城市的高度成長期，的確因為村八分被舉報的人權侵害事件急速下降。但是有趣的是，到了二〇〇〇年之後，村八分引發的人權侵害事件反而再度增加[33]。若要仔細考察村八分的實際狀況，可能得花上一大本論文的篇幅。但是我們可以確定的是，這種習性仍實際存在「日本精神」中，並非已經死亡的過去型概念。比方現在日本的網路世界中，某些因為內容有問題而被GOOGLE檢索系統排除在外、即使輸入

32 柏木亨介（2014）「民俗学からみる人権─村八分の解釈をめぐって─」《〈人〉に向きあう民俗学》森話社 P77-78。

33 柏木亨介（2014）「民俗学からみる人権─村八分の解釈をめぐって─」《〈人〉に向きあう民俗学》森話社 P83。

關鍵字也不會出現結果的網站，就被稱為「估狗八分」。

村八分的制裁對象，簡單來說是在村落社會「以和為貴」的前提之下，缺乏協調性、甚至是比較具有自我主張的人物。因為「作自己」而被其他人聯手修理，從台灣人的角度看來有點難以置信。這種大家集合起來給特定人物「教訓」，似乎跟小學生的排擠沒什麼兩樣，大人們搞這種事情在現代法治社會中，被公權力依法懲罰好像理所當然。但事實上，日本也有不少因為村八分引發訴訟的案例。在這裡我們舉三個日本長野縣小縣郡的案例來看看村八分的黑暗程度：

一、明治三十年。某地的有錢人於當地「秋條」[34]了好幾代，靠錢「凌治」[35]村民許久。有一天村民A終於抓狂放火燒了有錢人的豪宅。結果A入監時全村列隊歡送，服刑期間由全體村民共同出資照顧其家人，最後被放火的有錢人在村裡待不下去，只好全家搬走。

二、大正九年。某地的選舉中有A和B兩個候選人，全町都支持當地出身的A。但是A的同族裡出了一個「背骨仔」[36]，跟B拿了很多錢幫他助選。選舉結果由B當選後，憤怒的村民們居然拿出消防用的水龍就往背骨仔家裡招呼，把人家家裡搞得狼籍不堪。最後主謀者雖然也被判刑，但是期間村民們極力掩護犯人，受害者則被完全排擠隔離，在村落裡幾乎被人格謀殺。

三、昭和初期，某地因為農業需求由地方提出了修建道路的計劃，結果預計徵收的五、六戶土地擁有者拒絕配合。因為這是當地需要的道路，所以主事者和當事人溝通許久，但是都未能達成協議。結果到了農忙期道路還沒建好，於是老人們提出了村八分的提案獲得全村同意，並且通告當事人。其後這幾戶人家遭受排擠，婚葬喜慶時也被刻意跳過，最終只得向大家道歉並同意修建後，村八分才被解除。

34 編按：台語，囂張之意。
35 編按：台語，欺負作弄。
36 編按：台語，吃裡扒外的人。

以上三個案例其實已經有許多可議之處了，但是在更早之前的明治初年間，還有更「哈扣」[37]的村八分案例：

因為明治時的地租改正法令，讓當地發生地主和佃農間由於土地所有權而起的訴訟。某個長年為地主收租的村民在反對村落達成的一致協議後，慘遭絕交的村八分制裁。最後村民們甚至趁著當事者某天走夜路時，對其實行「暗討」，拿竹槍往他脇腹捅了下去，讓當事人陷入命危[38]。

最後一個案例因為發生在文明開化不久後，村落傳統還濃厚地殘存於日本各地，加上涉及土地產權這種「輸贏堵」[39]大的問題，會出現直接把對方幹掉的暴行似乎情有可原。相形之下，前三個案例可以明顯看出村八分這種傳統制裁，和現代法治社會間的難以相容之處。第一個案例看似勇敢的村民出面解決當地惡霸，在情理法順位下大家一起照顧犯案者，好像還有點俠客味道，說不定執法單位會稍微同情這個犯人；但是，第二個案例的爭議性就大了。民主時代選舉時要支持誰是憲法保障的權利，其實沒什麼背骨不背骨的。結果就因為當事者不支持自己同族同庄的候選人，被大家一起修理，修理完還繼續排擠你，誰叫你「沒有照村落大家的意思做」；第三個案例更加離譜，擺明要那幾戶為村落的全體利益犧牲，你不遵從的話直接整你。這種讓人聯想到苗栗大埔的案件，除了叫人感嘆當時個人人權意識的低落之外，其實也讓人看到「以和為貴」變成一種無言壓力的時候有多可怕。

雖然說同樣性質的案件還發生在幾年前的台灣就是了。

其實津山事件中的犯人都井，就是因為自己的個性和傳染病遭到村八分的制裁，最後憤而行凶造成這起慘劇。所以無論在私領域或是法治觀念上，村八分都是應該被改革的對象。但是如果真要講求法治自由，那麼村民們其

37 編按：Hardcore，引申為很猛、很厲害。

38 柏木亨介（2005）「ムラ生活の心得―ムラハチブ裁判の分析を通して―」《長野県民俗の会会報28号》長野県民俗の会 P48-49。

39 編按：指往來金額很大。

實也可以主張自己有肚爛人和不爽和誰交朋友的自由。總不能我覺得某人真的很機車，然後法律還要強迫我尊重並與他好好相處，那豈不是另一種形式的迫害？今時今日，村八分的傳統雖然已經不會出現在公開場合，但是在日本的各種地區和社群中，仍然潛藏著這種對破壞和諧者要將之排除的意識。話說回來，都井之所以被村八分，除了對傳染病的畏怖和他未通過徵兵體檢的歧視外，也和不齒他男女關係混亂相關。但是一個體弱多病的男人，真的會有村裡的女人和他發生關係嗎？難道日本村落社會的性風俗，真的這麼開放隨便嗎？

沒錯。答案是肯定的。

老實講，「隨便」一詞在這裡帶有語病。日本傳統的性觀念本來就比儒教社會開放許多，對於「貞節」的重視誠如前一章所說，大多建立在將女性當成男性附屬品的前提上。如果父權是落伍的概念，那麼開放的性觀念為何被視為「淫亂」而且是一種墮落？相反地，傳統日本的性觀念和生命力連結在一起，具有生殖功能的性行為被當作和作物生長的土地再生能力一樣，同為正面的能量。村落這種開放的性觀念被視為是淫風惡俗，反而是因為像上面所說，明治維新之後以家父長制度為基礎的民法體系所造成的觀念變化。

「文明開化」的明治時代之後的性風俗，根據反體制的民俗學者赤松啟介所言，根本是被教育勅語「污染」過的。過去的性風俗應該是更開放、大家都不覺得奇怪的。赤松對民俗學開宗祖師柳田國男最大的批判，是他的民俗學主題完全避開了「天皇、黑道、性」這三個主題，而這樣的民俗學呈現出的只是日本民族的幻影而已。赤松提到位於攝津、丹波、播磨三處交界的清水寺（不是京都那間），每年會在寺院山頂上的大平原舉辦舞蹈會，三個地方的男女各自跳著自己當地的「音頭」，看對眼的男女就在附近的森林中直接辦起事來，所以眾人傳說這個舞會可以一次欣賞三地的舞蹈和女人的滋味，甚至有些女人當晚賺進一整年的零用錢。知名寺社附近也常有風俗地帶，日本對祭拜神明後去買春的行為，還有「精進落とし」的特殊說法[40]。在赤松的調查中，日本舊社會不僅對「嫖蘿莉」這種現代社會看來根本鬼畜的行為習以為常，就連「夜爬」（夜這い）——即夜半潛入女性居處，進行各種非婚性行為的淫風陋俗——也被當成是維持艱苦農作業和農村共同體的調劑。由於避孕方法不普及，所以因為這種行為出生的小孩，村民們往往不會想太多，將其正常撫養長大。對於柳田國男從未提起這些風俗，赤松認為這是柳田優先自己的倫理觀及信條，無視村落社會現實的結果。這種被表現上的道德拘束而迴避實際存在風俗的民俗調查，根本毫無作為資料的價值。

無論赤松或是其他學者的研究報告，都確實指出「夜爬」這種特殊風俗的存在，各地在過去還有男生爬進女生家裡時，因為年紀大小或身分不同，男女間互相應有的作法和「禮節」這種民俗傳承。比方說青少年爬進寡婦家裡，大姐姐（有時候說不定都阿姨了）就要唱著某首黃色歌曲，然後好好誘導第一次上陣的青少年完成任務等等。前面提過的「若者組」更是學長教學弟如何夜爬、爬完之後還會交換心得甚至呷好道相報的。在女性這邊，其實也有類似的同齡團體，當中的成員同樣會互相討論在有人來夜爬時，該如何應對（女生是擁有拒絕權的），當然也會呷好道相報。

赤松是個極為異色的民俗學研究者，不僅曾以學徒身分前往大阪作了好幾年「丁稚奉公」（一種住在老板家幾乎無報酬的學藝方式），還曾因為支持左派共產思想被捕入獄。對夜爬這種看似傷風敗俗的習慣，赤松指出在大正年前大阪的花街還有所謂「水揚げ」的風俗，簡單講就是購買被賣到娛樂場所的小女生處女之夜權利。赤松被奉公的學長帶到花街時也不過十四、五歲，但是被「水揚げ」的小女孩，最小的竟然有初潮都還沒來的十二、三歲小孩。這就是「大正民主時代」的庶民生活真相。赤松痛切地指出，相較於實際存在的金錢買賣，被彈壓、醜化、無視的村落夜爬風俗，豈不是健全許多[41]？

40 赤松啟介（2004）《夜這いの民俗学、夜這いの性愛論》筑摩書房 P21-29。

41 赤松啟介（2004）《夜這いの民俗学、夜這いの性愛論》筑摩書房 P32-35。

雖然赤松指出的鬼畜花街習俗早已不復存在，但是對於「夜爬」和「性」的激論，仍有值得我們重新思考的空間。在現代社會，是否太過妖魔化這種人類最原始的慾望，並且過度理想化古代，認定古人一定很純真，結果所謂的「古人」根本比我們還接近動物？

津山事件這起悲劇之所以發生，除了當時處於戰爭時期的特殊背景，其實和這兩種奇怪的風俗脫不了關係。都井先是因為祖母奇怪的養育方式造成他特異的性格，再加上罹患傳染病後，讓他成了「村八分」的最佳對象。加上戰爭因素，就連村裡的警察都被徵召上戰場，男丁的稀少致使都井這種體弱多病的怪咖得以成為性風俗，並維持過去「傳統」，為村裡許多女性解決生理問題。

但是慘案成形的決定關鍵，仍是都井徵兵不合格讓他成為所有村民口中「不是個男人的笑柄」——就連和都井晚上有一腿的女性，全都加入嘲笑的行列。這對一個男人來說，當然是不可原諒的恥辱。日本村落社會裡將自己周圍狹窄的生活圈、也就是「世間體」視為全世界的特殊文化，把都井逼上了日本史上最惡殺人狂魔的絕路，也為日本村落性格寫下一個血腥、讓人不太願意正面提起的恐怖註腳——

日本人絕不是「有禮無體」。村落社會裡的「世間體」不僅存在，有時甚至厲害到會殺了全村大半村民。

第四章　從織田信長看村落社會的政治觀

織田信長代表的日本縱向社會

織田信長。日本歷史上最著名的革新者。

信長的名字隨著電玩遊戲為人所知，其知名度不止在日本，就連台灣、中國等其他國家都有許多這位號稱「第六天魔王」的傳奇人物擁護者。他以尾張地方（今天的愛知縣西部）一名弱小諸侯崛起，先是在全天下都不看好的局勢下擊殺了當時東海地方的霸者今川義元，以新興勢力之姿打入京都，成為控制日本心臟地帶的新時代強權，又在統一天下指日可待時被自己的心腹明智光秀背叛，葬身京都本能寺的業火中。

這位愛好幸若舞[1]的戰國武將生涯戛然而止於四十九歲，和他最喜歡的曲目《敦盛》[2]裡的曲詞「人間五十年」不謀而合。眾所皆知的是，如果信長不是命喪本能寺，早已完成兵農分離並擁有絕大經濟力的織田家終將一統天下，日本的歷史也會為之改寫。

但是歷史學沒有所謂的「ＩＦ」存在。因為信長死亡時，他的長男織田信忠也一同葬身京都，急速弱化的織田家不久後就被其部將豐臣秀吉一手拿下。豐臣秀吉雖然實現自己金碧輝煌的太閤之世，但在他身後不久，豐臣家也被信長的舊盟友——甚至可以說是從屬國的德川家連根拔起，迎來「三百年太平」的江戶幕府時代。

因為織田信長過度強烈的個人風格，讓一般人只注意到他破天荒的各種新創舉，或是為他近在眼前卻功虧一簣的一統大業惋惜。爾後各種次文化媒體所營造出的信長像，更是讓許多人把織田信長視為魔王形象的黑暗英雄，頂多對其部將明智光秀為何在沒什麼勝算的前提下，突然抓狂殺掉自己主

1 發源於室町時代的一種舞蹈，受到當時武士們的喜愛。被認為是能樂與歌舞伎的原型。

2 幸若舞的曲目之一。內容描述的是源平大戰時源家武士熊谷直實在戰役中遭遇了文武雙全的17歲美少年平家武者平敦盛，在制伏平敦盛後原本想放過這個和自己兒子年紀相仿的年輕武者，卻因為要成全平敦盛的武士精神而流淚殺了這個武者，戰後熊谷直實因此痛感人生無常而決心出家的故事。

子，懷抱諸多揣測罷了。經由上述這些次文化媒體進入日本文化世界的我，在年輕時也是這樣。但是在年紀漸長、看了更多資料和相關書籍後，才發現一個基本問題：為什麼不只織田信長，包括大久保利通、井伊直弼、足利義教等擁有強烈個人意志的領導者，全都死於非命？如果再算進源賴朝、足利義滿、孝明天皇等面臨重大決定或變革就「湊巧」病死的領導者，真會讓人懷疑日本這個國家是不是安裝了什麼特殊的防獨裁裝置。

說到年輕，在我五專最後一年時有門課叫「專書選讀」，當時用的課本是著名社會人類學者中根千枝的巨著《縱向社會的人際關係》。當時只覺得這堂課好無聊，根本就不知道上課在講什麼——畢竟那時候光是把書中的文字內容翻譯成中文，就夠我們這些日文菜鳥折騰，更遑論深入理解其中的內容。但是日後重新檢視這本書，再對照自己在日本的生活體驗和社會觀察，才發現這部著作的客觀和精準。

縱向社會顧名思義指的是日本社會係由嚴謹的上下關係組成，因此產生過去日本獨特的終身雇用和「年功序列」[3]制度[4]。一般大眾對日本社會的確有重視上下關係、社會約束力非常強大、國民性極為服從的既定印象。若以這個前提來看，日本社會誠然擁有適合「獨裁者」誕生的土壤。但是如果再回顧方才提到各個獨裁者不得善終的例子，就不得不讓人懷疑日本是否能藉由「縱向社會」一詞完整解讀。先不提織田信長的例子，就連一般認為是封建體制全盛期的江戶時代，都發生過多起「主君押込」，意即經由家臣的合議，強迫把領主監禁後另立新主的事件[5]。而日本對個人意志強烈的經營者，也常有「ONE MAN BOSS」（ワンマン社長）這種絕非讚美的稱呼。也就是說，看似將上對下的意志貫徹到底的日本，其實對「獨裁」具有一定排斥

3 公司企業不以能力而以年資作為待遇調整標準的制度，在長年不景氣的日本已出現動搖的跡象。
4 中根千枝(1967)《タテ社会の人間関係》講談社新書。
5 笠谷和比古(1988)《主君「押込」の構造—近世大名と家臣団》平凡社。

性格。接下來就讓我們來看看日本社會這種縱向金字塔與橫向連結間，自矛盾產生的獨特政治觀。

「第六天魔王」織田信長

對於年輕人和許多遊戲宅來說，織田信長的形象是穿著「南蠻具足」（西洋式甲冑）的「魔王」；若根據耶穌會繪師喬瓦尼・尼科洛（Giovanni Nicolao）依面見過信長的人士形容而描繪的畫像，則信長形似孫文，長相清秀；而一般日本人熟悉的信長容貌，卻是同時代完成、看來有點像性變態的東洋工筆肖像。

受到遊戲、漫畫和影視作品等影響，信長被塑造成天不怕地不怕、甚至自比惡魔的中二病患者。他的個性的確實事求是，青年期和中年前期不斷發生的親信背叛事件，也讓他有「人間不信」的傾向。然而，織田信長的這種風格，大多與他對比叡山的無情燒打和「第六天魔王」事件有關。

戰國時代，佛教早已紮根日本社會，經過早期的國家保護和教團深入滲透各階層的傳教運動後，各大宗門不只擁有廣大信眾，還擁有強大的經濟實力。畢竟興建寺院伽藍、供養僧侶生活所需都是要錢的。所以在佛教從為國家服務的「鎮護佛教」轉化成救濟大眾、提供個人心靈寄託等原本佛寺應有形態的同時，各大寺院也開始面臨必須自籌經費的處境。高野聖、山伏等民間宗教者的「勸進」（向民眾的集資募捐活動），就是以講經、梵唱等宗教活動向民眾推廣佛教，並且連帶從事類似賣靈骨塔（把故人骨灰送到高野山納骨）、甚至賣藥等商業活動[6]。也有不少寺社靠著過去的權威和與皇親國戚間的密切關係，保有許多私有的莊園，甚至是與該寺社相關的特定行業專屬許可。總而言之，在國家幾乎沒有維持治安力量的時代，各大寺社只好選擇

6　五来重（2011）《高野聖》角川学芸出版。

雇用「傭兵」來維護自己的權利。但是畢竟神明和佛祖的地盤請傭兵來顧實在是社會觀感不佳，於是這些寺社形式上都把這些人建制為下級的宗教從業人員。所以這些人雖然外表看來是和尚或神官，但是實際上的功能就是出事時要出來打的，這也是僧兵的由來。他們在比叡山被稱為「大眾」，在春日大社稱為「神人」，在高野山則叫「行人」。簡單講就是為「師父」服務，號稱自己是出家人但是怎麼看都像是一大群館長的寺社專屬部隊。

既然有了部隊，不用好像也蠻可惜的。於是原本用來自衛的僧兵神人們，開始負責保護專屬於寺社的各種「座」。所謂的「座」就是同業公會，在保障商品價格之外同時也決定了對該樣商品的壟斷。簡單說，如果某神社的油座決定了油的公定價，你不參加「座」、乖乖交規費給神社，神人就會來揍你。你為了要擴展生意決定來個油祭降價大特賣，神人也會來揍你。而且通常都是有店毀人亡之險的揍。這也是為什麼大家玩「信長的野望」時，佛教的本願寺和神道的阿蘇神社會被列為是大名的原因，因為他們確實有人有錢有力，而且也因為這樣參與了各大名間的政治甚至軍事鬥爭。

戰國時代寺社的特性，註定了信長與各種師父團體對幹到底的宿命。不只是這些宗教勢力介入政爭，最重要的還是這種壟斷式的經濟體系造成了日本的停滯，而這是以「樂市樂座」等自由經濟為中心思想的信長政權最無法容忍的。於是自認是日本佛教聖山的比叡山公開向信長叫陣，信長則毫不客氣地燒殺了山上的三千名男女老幼。

注意，山上有「女」又有「幼」。

「第六天魔王」一說據稱是重視舊傳統秩序並且出家為僧的武田信玄在寫信給信長時率先自稱「天台座主沙門信玄」，於是信長便不甘示弱回應自己是「第六天魔王信長」。若從結論來看，這件事的真偽其實有懷疑的空間。因為信長從未真的這麼中二地自稱過，這件事則是經由傳教士的內部書信傳開的。即便傳教士基於信仰，不太可能在報告書中亂講，但是這個故事裡的武田信玄和織田信長未免太過幼稚——即便屬實，信長也不是那種「你信玄如果是天台座主沙門，那我信長就是大魔王」的戰國無雙式思維。

第六天魔王別名「他化自在天」，在佛教裡是改邪歸正的護法神。很多人都知道信長愛用「永樂通寶」這個旗號，而這也反映出了他強烈的新時代經濟思想。但是各位要注意的，是永樂通寶旗上其實有個小小的「南無妙法蓮華經」旗。這種旗幟在日本被稱為「題目之旗」，是佛教法華宗（也稱日蓮宗）的根本題目，就像淨土宗的「南無阿彌陀佛」一樣。而法華宗的信仰對象「板御本尊」上寫滿了只要信仰法華經，就會保護信者的諸天善神。如果仔細看，右邊第二行的神名中明記著「第六天魔王」。

日蓮宗信仰中，把第六天魔王視為一開始會用各種誘惑試練信者，但如果信者信心堅定的話則會成為信者的護法諸天善神之一。信長到底是不是法華宗信者沒有確證，但是信長曾經主辦過法華宗與他宗爭論的「安土宗論」。最重要的，信長在京都的常態性借宿地、同時也是亡命處的本能寺，就是法華宗的寺院。在日本神佛習合（神道和佛教信仰混合）的文化下，他化自在天早就因為其特性而成了「第六天神社」，是在明治的神佛分離後才被「強辯」成是神世七代中早於日本創世神伊耶那岐夫婦前的六代目面足命、惶根命的。第六天神社之所以會被庶民崇拜的原因，就是因為他化自在天可以用意念滿足俗世間一切的願望。比方說男女只要看對眼的瞬間，雙方就可以達到高潮（這是真的經典記載不是唬爛）。而且如果兩人想生孩子，下一秒小孩就會出現在父母膝上。其壽命為一萬六千歲，但是他們的一天是人世間的一千六百年。

若信長自稱第六天魔王，可能有另一個更堂皇的理由。因為武士熱烈信仰的八幡神，在神佛習合的傳統下被稱為「八幡大菩薩」。八幡大菩薩的全名為「護國威力神通大自在王菩薩」，在八幡信仰的總本山宇佐神宮的古代文獻「清麻呂解狀」中，八幡神是「在無量劫的漫長歲月中在三家（三界別稱＝欲界、色界、無色界）轉生來濟度眾生」。意即從其佛號便可以理解八幡神其實被視為佛教中大自在天的化身，而大自在天又被誤以為和他化自在天是同一存在，是地上世界的支配者[7]。織田信長正是信奉八幡信仰的武士。

因此，就算信長自稱「第六天魔王」，其實也不是那麼邪惡到如同電玩角色般，動不動就要殺光所有人。說不定他是相對於武田信玄的天台座主沙門之稱，強調自己雖是武將，但仍為護持佛法之神，其新型態的慈悲甚至能用新經濟的力量滿足天下萬民

這就是「佛敵」織田信長的真正形象。對守舊的宗教勢力而言，信長可能真的是危及他們特權的惡鬼般存在。不過對一般庶民來說，其實信長正是讓日本吹進新風的合理主義者。可是即便如此，信長仍然死於本能寺的烈火中，而且以「魔王」和「好殺」形象深植民心——其實只要仔細看看信長的生涯，就知道除了頑強的一向宗徒和背叛他的至親妹婿淺井長政一伙人外，初期至中期的信長對敵人和背叛者還蠻寬大的。那麼，對信長的憎惡和畏懼，應該是出於日本更深層的民族性才對。下面的內容，就讓我們來探討信長在日本之所以成為大眾恐怖對象的真正原因。

一味神水和百姓之國的「喬平大」精神

不知道大家有沒有看過神風特攻隊出征時親友送他們的旗子。日章旗旁簽了密密麻麻的名字，圍繞在日之丸四周，再加上「祈武運長久」或是更有魄力的「非理法權天」等字。祝福的親友會把名字以放射狀朝向中間的紅太陽寫下，象徵「以日本為中心合力奮戰」之意。這種傳統流傳至今日，不管是畢業紀念冊裡的全班簽名還是球隊等團體簽名，我們常看到這種殺氣騰騰彷彿軍國主義餘毒的簽名色紙。當然今天的這種團簽中央大部分已經沒有日之丸，而是被一個名字圍住的空白取代。

其實，現在這種中間空白的簽法才是真正的「古典回歸」。

上述祈願旗的寫法，起源於所謂的「傘連判狀」。傘連判狀還真的與武

7　伊藤聡（2012）《神道とは何か》中公新書　P50-51。

士間的習慣有關。當武士們結盟或是訂定協議時，因為如果照正常的方式署名，不免會產生階級上下之分的聯想，於是大家就圍著一個空白圓心簽名，代表眾人「喬平大」[8]之意。但是，傘連判狀後來最常被拿來使用的，卻是在發起一揆時的連署和「一味神水」儀式。

只要看過拙著《表裏日本》的讀者就知道，所謂的一揆是「萬眾齊心的起事」之意[9]。一揆的連署之所以採用傘連判狀的形式，是因為這種同心圓式的簽法，在反亂不成、進入尋找首謀的追捕階段，將無法順利找到「首謀者」。即使真的事敗，也不會有某個人被當成首惡分子處理。正因為這種「大家喬平大」的精神，一旦出事，所有人倒楣的程度全都一樣，就減少有人為了自保去當爪耙子的風險。而一味神水更是此一「喬平大」精神的最佳顯現，而且還加上了神明認證。

所謂的一味神水，是在神社前準備好連判狀等宣誓文書，向神明祈願並奏明在場者一心同體的誓言後，將文書化成灰，和著神社裡的泉水喝下。

「一味」是「同黨」的意思，創建戰國強豪後北條家的傳奇人物北條早雲在進入關東之際，傳說就和六個死黨一同進行了一味神水儀式，相約一伙兄弟中只要有人先當上大名，其他兄弟就無條件作他的部屬，一起打天下。後來北條早雲以一介浪人崛起於關東，而其他六人也真的遵守誓言，成為後北條氏重臣「御由緒六家」的始祖。北條早雲的浪人傳奇在今天的學界受到強烈的質疑，但是早雲的一味神水傳說，則證明了一味神水所代表的：

就是集體領導的精神。

和如果被揪出首謀就會大禍臨頭的一揆傘連判狀不同，御由緒六家仍然把北條早雲當作領導中心。但是就像日文俗語裡的「小田原評定」一樣，北條家——或說除了織田家外的所有戰國武家，一直都保有群體領導的精神，在決定重大事項時除了當主的意志外，重臣們的合意仍具有比重極大的影響

8 編按：台語，指層級相同，平等看待。

9 蔡亦竹（2016）《表裏日本》遠足文化 P162-164。

力。就算是一般認定個人魅力十足的武田信玄和上杉謙信，儘管兩位名將被高高供奉著、凡事他們說了算，但信玄及謙信還是必須思考自己旗下武士團的權力與利害間的平衡。這也是為什麼上杉家在謙信在沒有明言繼承者突然過世後，原本看似鐵板一塊的它們可以瞬間崩解成兩半繼而發生「御館之亂」，忙著互相殘殺之餘元氣大傷到失去了爭奪天下的資格。前面提到的「小田原評定」在日文裡，指的是「永遠討論不出結論卻沒完沒了的會議」。也就是說，戰國大名家中的重大政策，仍經由群體討論決定。

戰國大名繼承的集體領導精神，起源於中世的農村自治團體「惣」。因為要對抗各種官領莊園、守護甚至寺社等特權階級的剝削，農民們自主成立了類似像村民議會的集合體——惣，在長老的主持下由村民中的代表決定生活共同體裡的大小規定。惣一旦武裝起來就成了所謂的「土一揆」，這種民間武裝力量在戰國時代初期曾將大名驅逐出自己的領國。而加賀在一向一揆的威力下，還逼迫當地守護富樫政親自殺，推出了傀儡般的富樫家繼承人，實質則由惣的各級代表們共同領導國家長達九十年，號稱「百姓所持之國」。

一般來說，加賀的「百姓共和國」之所以能樹立近百年之久，被認為和本願寺淨土真宗（一向宗）的宗教力量相關[10]。但是一向宗能夠主宰加賀成立近似共和國的體制，主要還是由於一向宗的傳道和組織方式極重視平等及橫向交流，這點更直接強化了「惣」的集體領導精神。後來惣雖然因為戰國大名的急速組織化式微，但是其村落自治和共治的精神一直延續在日本的政治思想裡，也成為了日後江戶時代「村寄合」的母體。傳統的日本統治方式除了並立天皇家與將軍家的「聖俗分離」外，實務層面被視為最理想狀態的，就是合議制所組成的「神聖的權力中空」。當決定某個政策時，一定都是「大家的意思」，沒有特定的人物意志主導。所以成功了就是大家的功勞，如果失敗了也找不到該負責的人，因為所有參與決議者都要負責。

10 蔡亦竹（2017）《風雲京都》遠足文化 P162-163。

這種神聖的權力中空思想，在終結戰亂後的江戶時代立即復活，一直持續到日本二戰敗戰為止。這也是為什麼一般國家認為應該擔負最大責任的最高統帥昭和天皇，經仔細推敲後又發現欲將其定罪相當困難的原因。即便是向全世界發動戰爭的軍國日本，於國家機器暴走之際，昭和天皇都只是個被擺上神壇的吉祥物。在政治實務層面上，由於天皇遭軍部排除在「神聖的權力中空」之外，軍部自身也因為這種傘連判狀的統治原理，僅能找出敗戰時的首相東條英機等人當替死鬼，卻無法找出真正的元凶。

大家好像都是，也好像都不是，元凶是中間的那片空白。

說來有趣的是，最後征服加賀、終結百姓之國局面的，就是戰國時代最接近獨裁領導的「第六天魔王」織田信長。信長無論在宗教或政治上，都勇敢地挑戰這種「神聖的權力中空」，以個人意志和信念驅動整個日本進行經濟和政治上的大革命。而這些舉動，就像在「日本」這張傘連判狀的中間空白處，不畏人言不怕天譴地寫上「信長」花押一樣勇敢而駭人。這也註定了織田信長可以改變日本、卻不得善終的宿命。

縱向社會卻無法容下獨裁者的矛盾

人類學者中根千枝指出，日本人從明治以來就未曾改變，至今在決定事物時，其本質和過去農村的「村寄合」也沒有多大差別[11]。中根一方面強調日本人以「場」決定內外親疏的關係，並以鐵道院初代總裁、建設台灣的功臣後藤新平的名言「國鐵一家」，來證明日本人就算在組成職業團體時，向心力的基礎仍是過去鎌倉時代武士團所形成的「一族郎黨」概念[12]。千根將日本總結為縱向——即由上而下的社會構成，江戶時代發達的行政網路和細分的身分制度是這種現象的最大原因[13]。

11 中根千枝（1967）《タテ社会の人間関係》P13-14、P10。
12 中根千枝（1967）《タテ社会の人間関係》P27-32。
13 中根千枝（1967）《タテ社会の人間関係》P110-113。

前面也說過這本書是日本社會研究的巨著，但是書中的觀點並非完全不能挑戰。比方「明治以來的日本人幾乎沒有變過」就是一種西方社會學的日本觀。雖然司馬遼太郎曾有「日本的官僚根本就和明治的太政官沒有兩樣」的類似評論，但是「明治以來的日本人」和「江戶時代的日本人」在思考及對群體的概念上卻存在極大不同的。江戶時代號稱「三百諸候」的二百八十多個大小藩，除了幕府直屬的「天領」外，內政、財政多半各自獨立。因而江戶時代的日本人對「國」的概念，基本上就是自己所住的藩內領地，藩的結合體「日本」之於眾人只是個地理概念而非實感的國家[14]。因為這樣的背景，讓幕末前來長崎教授日本海軍的荷蘭軍人卡登迪克（Willem Huyssen van Kattendijke）驚異於日本平民對國家觀念之淡薄。當時卡登迪克認為長崎毫無防備到可能只需要一名軍官帶著四十五人的陸戰隊就可以完全佔領，所以他詢問了當地商人如果外國入侵該怎麼自保。想不到商人是這麼回答的：

「那是高層（幕府）要去想辦法的，跟我們沒有關係」[15]

這就是江戶時代一般平民的國家觀念。雖然長崎屬於幕府直轄的天領，但商人對於所謂「高層」和國家觀念就是如此事不關己，其他藩狀況其實也都差不多。但是在戊辰戰爭後統一的新國家大日本帝國，所有人民突然獲得「國民」的身分，以司馬遼太郎的話來說，就是所有人「因為變成國民的新鮮感而意氣高揚，把自己的立身出世和國家的發達合而為一」的幸福時代。簡單說，明治是日本統合過去三百年不同地區人民為「日本國民」的時代。當然，司馬也提到明治維新之所以得以成功，要歸功於江戶三百年細緻統治系統所培養出的國民守法和服從性格，這點與中根的意見一致。

但是問題來了。即便是江戶時代，也絕非我們想像中如同北朝鮮般的高壓特務統治體制。在最末端的各地農村，負責收稅和基本運作的是剛才提過

14 武光誠（2015）《藩と日本人》河出文庫　P12-39。

15 司馬遼太郎（1994）《明治という国家（下）》P77-78。

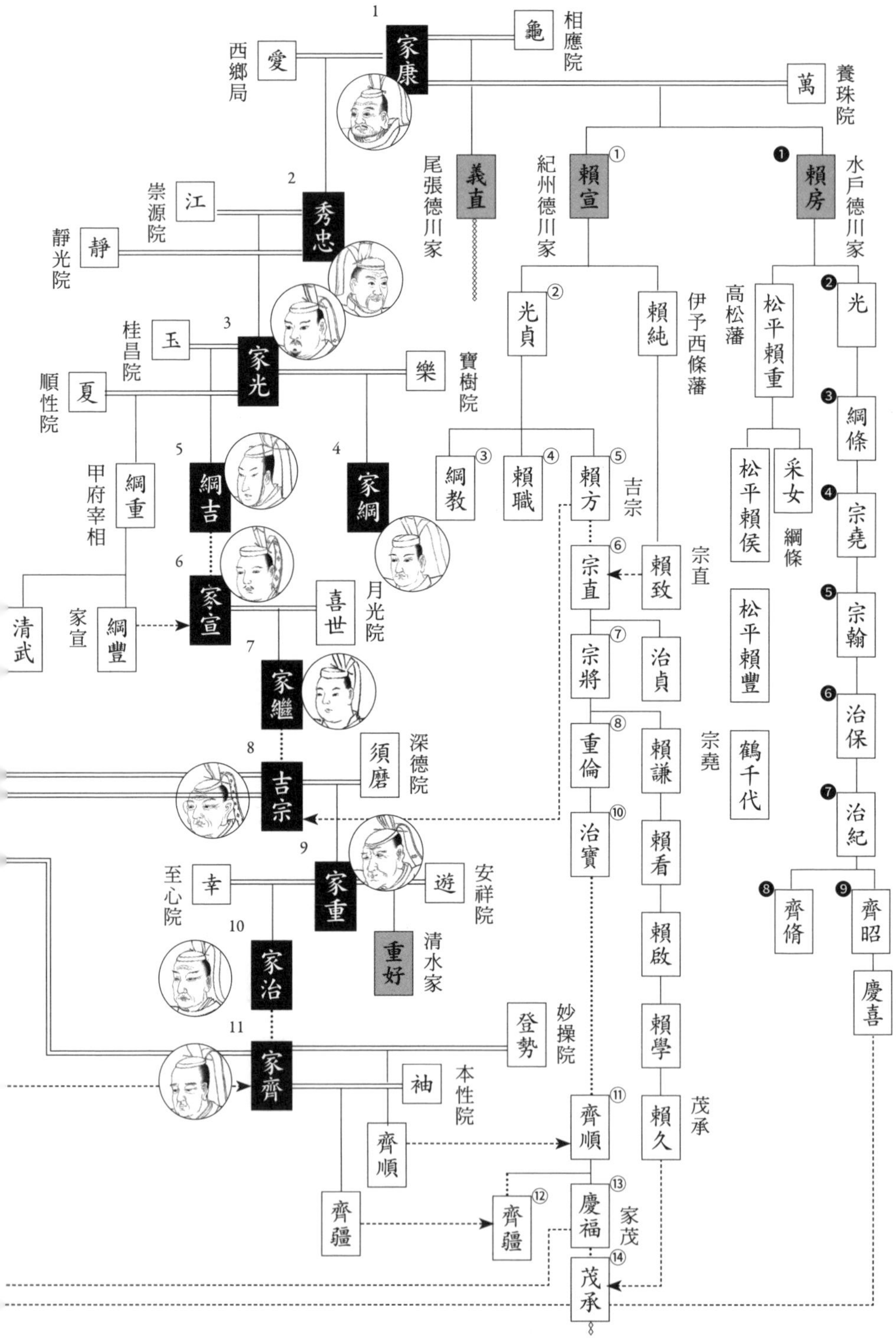
1
家康
西鄉局
愛
龜
相應院
萬
養珠院
尾張德川家
義直
紀州德川家
①
賴宣
水戶德川家
❶
賴房
2
秀忠
崇源院
江
靜光院
靜
②
光貞
賴純
伊予西條藩
高松藩
松平賴重
❷
光
3
家光
桂昌院
玉
順性院
夏
樂
寶樹院
③
綱教
④
賴職
⑤
賴方
吉宗
❸
綱條
采女
綱條
松平賴侯
❹
宗堯
5
綱吉
4
家綱
甲府宰相
綱重
6
家宣
⑥
宗直
賴致
宗直
❺
宗翰
清武
家宣
綱豐
喜世
月光院
7
家繼
⑦
宗將
治貞
松平賴豐
❻
治保
8
吉宗
須磨
深德院
⑧
重倫
賴謙
宗堯
鶴千代
❼
治紀
⑩
治寶
賴看
9
家重
至心院
幸
遊
安祥院
清水家
重好
❽
齊脩
❾
齊昭
10
家治
賴啟
慶喜
11
家齊
登勢
妙操院
袖
本性院
賴學
⑪
齊順
齊順
賴久
茂承
齊彊
⑫
齊彊
⑬
慶福
家茂
⑭
茂承

德川家略系圖

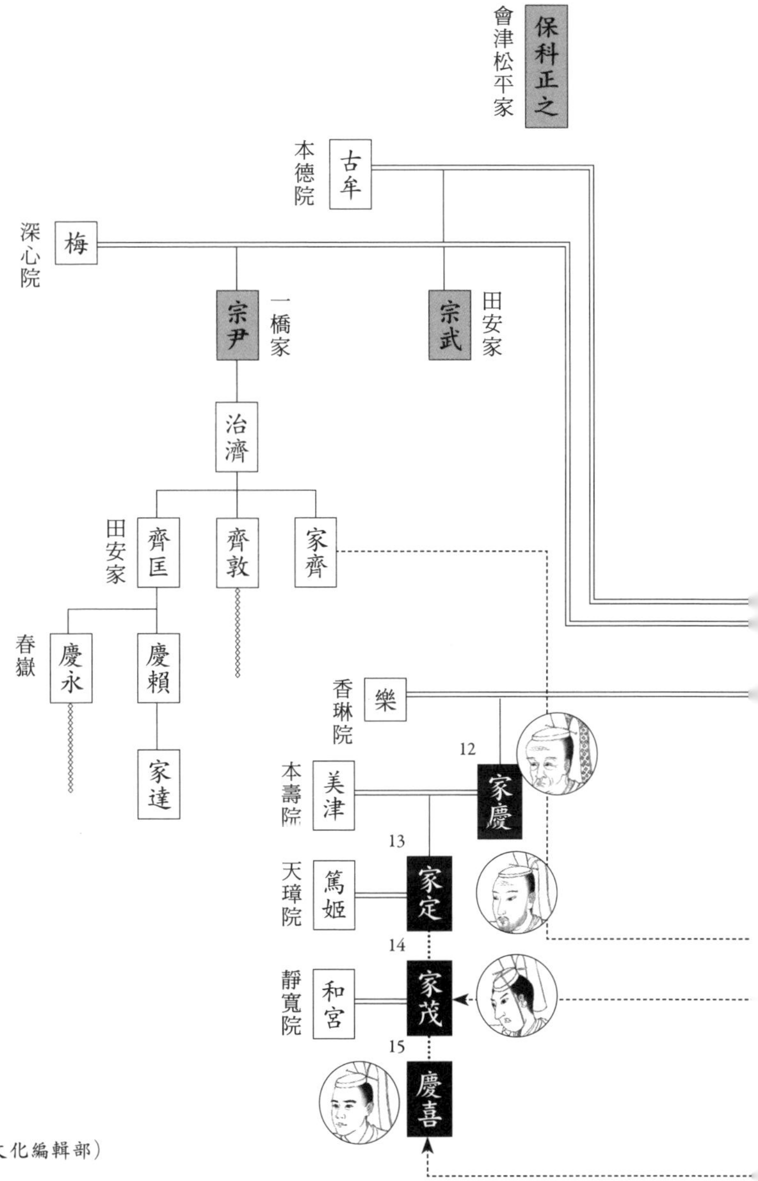

（資料整理：遠足文化編輯部）

江戶幕府職制

（資料整理：遠足文化編輯部）

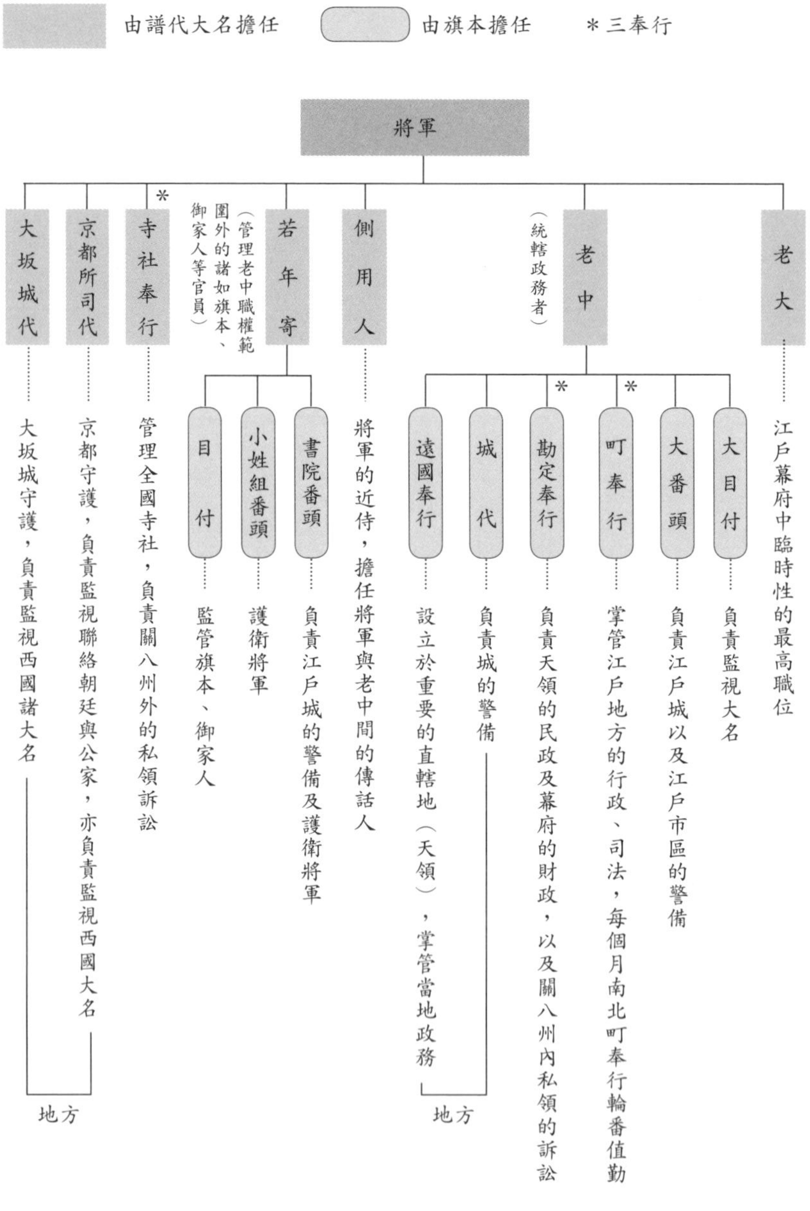
由譜代大名擔任
由旗本擔任
＊三奉行
將軍
大坂城代
大坂城守護，負責監視西國諸大名
京都所司代
京都守護，負責監視聯絡朝廷與公家，亦負責監視西國大名
＊寺社奉行
管理全國寺社，負責關八州外的私領訴訟
地方
若年寄
（管理老中職權範圍外的諸如旗本、御家人等官員）
目付
監管旗本、御家人
小姓組番頭
護衛將軍
書院番頭
負責江戶城的警備及護衛將軍
側用人
將軍的近侍，擔任將軍與老中間的傳話人
老中
（統轄政務者）
遠國奉行
設立於重要的直轄地（天領），掌管當地政務
城代
負責城的警備
地方
＊勘定奉行
負責天領的民政及幕府的財政，以及關八州內私領的訴訟
＊町奉行
掌管江戶地方的行政、司法，每個月南北町奉行輪番值勤
大番頭
負責江戶城以及江戶市區的警備
大目付
負責監視大名
老大
江戶幕府中臨時性的最高職位

的「村寄合」或各地「庄屋」等是當地的大戶農家。江戶時代的統治方式，是由幕府或藩主利用這些並非正式武士階級的「頭人」們，肩挑最末端的各種處理工作。而這些頭人雖然在地方有頭有臉，不過在身分上其實和其他平民無異。地方政治實際運作時，也由這些頭人擔任長老或議長，通過合議制進行。這就是為什麼幕末天誅組在大和地方起事，攻入當地的政府機關五條代官所時，裡面正式武士及約聘員工加起來還不到三十人的原因。

所以江戶時代上下區隔分明的身分制度，其實是吸收了戰國時代全民武裝結果全國大戰的教訓，進而發展出來的統制手段。實際在地方行政上，仍舊仰賴大家一起好好講的「村寄合」體制。末端的村落如此，江戶時代的最高統制機關幕府本身也是如此。德川家在「神君」家康統一天下之後，後代就慢慢顯露出日本人合議制的天性。幕府成立不久就設立了類似幕府內首相的「老中」職，再加上其他補佐的「若年寄」職（以上都由親德川的譜代大名擔任），重大的決策都採用合議制來決定，讓將軍越來越像個象徵職。導致後來幾位雄心勃勃、想要自己親政的將軍都還得辛苦地設立類似「將軍辦公室主任」的「側用人」，才能對抗譜代大名們組成的合議體制。這種文化發展到幕末時更加明顯，號稱德川家匹敵神君家康的十五代將軍德川慶喜，其實早在十三代將軍過世時就有機會接任將軍，但是後來卻因派閥鬥爭改為德川家茂繼任。在派閥相爭時，慶喜失去繼任資格的原因之一就是「太聰明太有自己主張，會妨礙幕府的運作」。

而且當時正值黑船來襲的存亡之秋。

德川將軍宗家其實在第四代開始便面臨男丁不足的困境，勉強到第七代還可以在前幾代將軍的非長男裡找到後繼者，但到了八代將軍吉宗（即時代劇裡的暴坊將軍）時，就只能從老早分家出去的紀州德川家找人。而紀州德川家和當時德川宗家的親近度，只能說吉宗是德川家康的親曾孫，和其他德川家人根本是很遠很遠的叔伯兄弟。江戶時代所謂的最高權力，至此已經發展變為一種幾近象徵、為了維持體制和眾人工作飯碗的存在，這也是日本人對於「公」的概念形成期。正因如此，幕府的一干重臣認為將軍最好別太賢明才好作事，就算是幕末的維新原動力長州藩藩主毛利敬親，綽號也被稱為「そうせい侯」。「そうせい」是「就這麼辦」的意思，因為毛利敬親總是對家臣們上呈的協議說一句「就這麼辦」而不多干涉，讓他變成屬下眼中的「Mr. Just do it」。

明治維新後，儘管長州佔據絕大部分的新政府資源、維新主力的長州下級武士們也是由毛利敬親提拔出來的，但是長州藩主毛利敬親卻未被列入所謂「幕末四賢侯」之一。維新後有人問他為什麼當時面臨這麼多的關鍵時刻，卻永遠只會聽從家臣的話，「就這麼辦」呢？毛利敬親的回答相當經典：

「不（就這麼辦）的話，我應該就這麼死了吧？」

這就是江戶時代「公意識」形成的同時，大家對於「主上」的概念。長州在面對幕府的時候，一下子藩內主戰派得勢、一下子主和派當權，內部經過無數次鬥爭。這些鬥爭當然是追求藩內意志一致的過程，而在這些過程中就算是藩主，也無法違抗這種「總意決定」，否則就有可能惹來殺身之禍。事實上不只是幕末這種非常時期，就算在太平時代，各藩亦曾有過多次由重臣合議後強迫當主隱居的紀錄。

曾和將軍家有心結的「御三家」尾張藩，據研究就發生過同樣的「押込」事件。當時尾張藩藩主德川宗春的施政和吉宗的儉約政策背道而馳，採取開放政策。結果幕府財政儘管好轉，卻加重百姓負擔，宗春治下的名古屋則是一片繁榮景象並大獲朝廷好評。這位給幕府洗臉的尾張名君最後被幕府下令隱居軟禁，傳說連死後其墳上都被鐵網整個包住了一段時間。根據後來的研究顯示，其實宗春的隱居不完全與幕府的勒逼相關，而是帶有由內部重臣聯合發動「押込」的政變色彩[16]。另一方面，即使把跟自己政策唱反調的宗春幹掉、被稱為幕府「中興之祖」的德川吉宗，真正要大展身手主導政策的時候，還是得找一群「側用人」作為親信，以排除掉老中等大名合議機關的限制。

就算是江戶時代的權力最高機關，其性格也跟農村基層的「村寄合」一樣。長老或是庄屋當然可以主導會議、獲得崇高地位，但若是這些最高代表者無視合議的精神，一意孤行，則即便貴為藩主、將軍都有可能被架空甚至強迫退位。這就是乍看上下階級分明的日本社會中所隱藏「以和為貴」的縱向潛規則——因為違反這種潛規則，越來越接近絕對獨裁者地位並且意志鮮明的織田信長，最終被人用物理性力量強制從人世間「架空」出去。

完成時代任務退場的織田信長

信長因為要貫徹上述經濟自由化的偉大改革「樂市樂座」，所以必須和盤據日本、尤其是近畿時代的各種宗教及舊秩序力量作對到底。而在信長之

16 笠谷和比古（1988）《主君「押込」の構造—近世大名と家臣団》平凡社 P138-142。

前稀鬆平常的宗教戰爭[17]，也因為織田家對一向一揆等宗教勢力幾近暴虐的強鎮壓消失在日本，包括連名作家藤澤周平也曾經明言「雖然承認信長的功績，但因為他的殘虐性而無法喜歡這個人物」[18]。極度評價信長的另一位名作家海音寺潮五郎認為，比叡山燒打和長島門徒虐殺是出於信長憤怒的情緒判斷，由於這種好殺性格，造成他對背叛者荒木村重一族六百餘口的極刑處分，並追殺滅亡後的武田家餘黨。海音寺認為他口中「帶著狂氣的天才」在世間接近和平之際，是難被世人接受的。海音寺同時援用桑田忠親的說法，指出信長是因為強行將明智光秀的領地沒收、欲將他換到當時還未納入織田家控制的出雲、石見兩國，才造成明智家家臣的憤怒謀反，導致信長命喪本能寺[19]。

對於海音寺這位大前輩的說法，其實我不是完全同意。誠如上述，就因為信長對帶著暴力裝置的宗教團體進行鐵槌制裁，才讓日本成為全球罕見的宗教戰爭免疫國之一。光是看現代台灣各種師父手下信徒的種種德性，你就可以想見在天罰和祈禱還被眾人篤信的當時，宗教團體有多強勢而堅持己見——況且他們手上還有「家私頭仔」[20]。對於武田家餘黨的追殺，我想只要是戰國愛好者就知道，甲斐（今天的山梨縣）本來就是個因為地形多山、盤據各方豪族之地，是因為武田信玄這個絕對存在而統合起來的勢力。由此看來，徹底消滅武田信玄這個傳說般存在的血脈，其實有其統治上的必要。

至於荒木村重的背叛對當時的織田家造成多大的衝擊，只要看過大河連續劇「軍師官兵衛」的朋友就可以體會。在他背叛之後，其實織田家曾派遣使者請他回心轉意，而且還一送就是兩次——被荒木關成跛腳的黑田官兵衛就是第二次的使者。最終荒木全家被殺，也是因為他打槍信長，拒絕「只要交出

17 蔡亦竹（2017）《風雲京都》遠足文化 P101-103、P164-166。
18 藤沢周平（1995）《ふるさとへ廻る六部は》新潮社 P143-148。
19 海音寺潮五郎（2011）《覇者の条件》文春文庫 P135-137。
20 編按：台語，工具、道具、槍械武器。

城池就放過你否則殺你全家」的要求，這位老兄後來獨自逃之夭夭，過程中還連累了隱匿荒木一黨的高野山僧侶數百人被殺。

當然，這不代表殺戮即正義。但是信長的這些激烈舉動，正好突顯出與舊秩序對幹的他遭遇到的是多麼強大的抵抗。

信長雖然不像遊戲或漫畫中描寫的那般破舊立新，包括早期利用足利將軍的權威和後期搬請天皇與本願寺間調停衝突，其實都看得出信長沿革舊秩序倫理的一面。但他對於商業的重視和兵農分離等政策，不僅劃時代領先當代，更為後繼者豐臣秀吉沿用。對宗教的殘忍鎮壓，其實部至於讓信長喪命。畢竟當時還是拳頭大說話大聲的時代，被修理的比叡山和高野山既然打輸了就也只能乖乖伏首，然後對外號稱在燒打比叡山十一年後死於本能寺的信長，是「佛敵終於被僧侶們詛咒死的」而已。

真正致使信長死於非命的，恐怕是他的權力觀。

明智光秀為何突然背叛信長，至今眾說紛紜，本能寺之變也仍是日本歷史上最大的謎團之一。但私見認為所謂的「信長暴虐導致謀反」和「明智光秀對於未來的不安」不只是本能寺之變的關鍵，同時也是日本人政治觀的最大矛盾之處。我很喜歡的漫畫家池上遼一，曾在作品《信長》中提出有趣的光秀背叛論：首先是傳教士們因為害怕信長將來鎮壓天主教徒，所以向光秀提出合作協議，要求光秀殺了信長，取而代之成為日本的新領導者。重視忠節的光秀殺了傳教士們，默殺了這個提議。之後在漫畫裡，信長因為將光秀和秀吉視為將來天下布武政權的兩大輔佐者，所以對日漸走上明哲保身路線、忘卻戰國武將武勇精神的光秀不滿，刻意用各種嚴酷處置，把光秀逼進絕境，希望激發光秀昔日的武將鬥志。可悲的是，光秀只感覺到信長要對自己一族趕盡殺絕，無法理解主君的苦心，所以忍痛造反殺死了自己最尊敬的主上[21]。

21　池上遼一、工藤かずや（2005）《信長（八）》東立出版社　P138-213。

這部由工藤Kazuya（工藤かずや）完成的原作品在考證上有一定的水準。但是這種融合眾家之說，最後歸因於「男子漢間的內心衝突」理由，就只能說是空想的浪漫了。在本能寺之變的種種推測中，「信長無道說」主要由學者小和田哲男提倡，並羅列當時信長強迫正親町退位、對貴族辱罵等罪狀。不過關於強迫退位迄今仍有爭論，況且這些罪狀若跟燒打比叡山和其他信長的「惡行」相比，其實都還蠻小兒科的。而我會肯定信長暴虐說的原因，正如司馬遼太郎所言，是明智光秀之所以舉事，乃是基於一種「類似無條件反射的抗暴心態」。這裡光秀要抗「暴」的絕不是上述那些罪狀，更不是大屠殺或燒比叡山——否則光秀早在多年前就該下手了。

司馬指出驅使光秀行動的，是潛藏在日本人內心對於「獨裁」的恐懼。

獨裁絕對是種效率極高的政治體制，否則你就不會聽到一些人說「台灣這麼亂都是因為太民主」這種言論。民主當然是我們現代人必須捍衛的最高價值之一，但是民主體制也代表了無數的意見衝突和花費在妥協、調整上的巨大時間浪費。信長從統一尾張這個小地方到打敗當時的有力大名今川義元，已經完全確立他在織田家中的絕對地位。加上織田家本來就是個小大名，歷史、人事包袱少，這種類似暴發戶的背景，才會讓他犯上早期自稱「上總守」的笑話[22]。雖說如此，也由於上述背景，讓信長能夠不理會慣例、用人唯才，讓來歷不明的豐臣秀吉、流浪武士明智光秀和據說是忍者出身的瀧川一益等人出任織田家重臣。因為信長在織田家中的意志代表一切，所以在對上其他耗時考量家中重臣比例趴數啦、老爸是誰啦、服務本家幾代啦的勢力時，織田家永遠充滿效率和決斷力，也讓織田家得以快速膨脹，在信長死前距離天下統一僅一步之遙。

但是就日本人的村落社會合議傳統來講，這似乎不對。就算信長的獨裁

22 因為當時雖然武士間的武家官位已經幾乎是自己愛取什麼就取什麼的狀態，但是就律令制的慣例，上總國一定是「親王任國」，也就是天皇的兒子才能擔任的官職。所以信長後來才經人提醒之後換掉這個讓人覺得沒文化沒知識的職稱改為「上總介」(國守副官)。

英斷果敢並且有效，但無視其他人意志的決策方式，就是不對。決策是要大家一起作的，才符合「和」的精神啊！當然，就理智來看，這種感情並不合理。就在信長即將登上日本最高權力者的時刻，明智光秀作為一個日本人的「深層心意」終於讓他爆發而啟動叛變。司馬提出的此一無道說，其實和明智光秀的不安說有強烈的關連性，更印證了日本人對於獨裁的強烈排斥傳統。這種違反「以和為貴」的「無道」，連結上信長帶給明智光秀的「不安」，終於把這位古典與文化教養豐富的斯文武將逼上了謀反之路。

信長這位極端現實主義的領導者，幾乎把人當成了道具。因此他願意提拔多位出身可疑的武將，只因為這些武將「有用」。時至後期，信長追放了許多他認為派不上用場的武將，而這些武將如佐久間信盛等人，都是過去織田家仍是弱小勢力時就效忠其下的歷代老臣。佐久間家在當時甚至是自己擁有領地的帶槍投靠者。佐久間信盛之所以遭到追放，除了信長的自由心證外，另一個原因是佐久間擁有的領地剛好都位在信長意欲攬入自己直轄地的區域裡，也就是說信長根本就是為了侵佔佐久間的領地，所以將他趕走。

信長所追求的，就是絕對集權的獨裁體制。而秀吉從一開始便嗅出自己主子的這個特性，所以作為武將幾乎全能的秀吉，永遠在信長面前表現出自己甘為道具、努力工作的姿態。就連新吸收的武士，秀吉採取的也都是直接推薦給信長作為部將，再由信長指派到秀吉底下作事的「寄騎」模式。也就是說，雖然實際上這些被秀吉吸收的新人是跟著秀吉工作，但是在形式上卻是和秀吉一同效忠信長的同事。為什麼秀吉會採用這種看起來多此一舉的方式？

因為這樣看起來秀吉顯得毫無野心，手下完全沒有自己的人馬和派系。因為當時除了織田家之外，所有戰國大名都將部分土地分配給手下部將，再由部將自行用土地的資源去料理人馬和軍費。所以嚴格講起來，武田家部將手下的武士們，直接的老板其實並非武田信玄而是他們跟隨的部將，拿到的米糧薪水也來自該部將受封的土地資源。以軍團制運作的織田家，雖然難免有建立於封地的「知行制」存在，但是到了後期就開始出現如明智光秀、柴田勝家等軍團長，他們直接領取織田家支付的米糧，受薪作戰。

相較於秀吉，明智光秀完全不懂在信長底下作事的自處之道。之於古典素養不佳、曾經鬧過「上總守」笑話的信長，光秀就是一副古今文化達人風格。雖然織田家也依靠他這項才能，和朝廷及眾勢力達成不錯的關係，不過對凡事追求合理性和創新的信長來說，總是有點刺目。再加上光秀身邊盡是和他一樣出身出身美濃地區的武士，這在發跡於尾張的織田家裡，不被視為光秀的「派系」人馬才奇怪。再者，光秀身邊的武士重視的是所謂的土地知行制，因此對信長的集權政策，自然心生「自己的土地將被奪走」的恐懼。直到信長帶領少數護衛進入京都後，光秀等人的恐懼爆發。

信長死後，沒過多久明智光秀也兵敗身死，由秀吉繼承織田信長打下的江山。在豐臣秀吉手中兵農分離完成，建立了身分制度的初步基礎，有助日後的德川家康創造江戶時代近三百年身分固定的封建制，未受農民的抵抗而崩壞（因為農民被剝奪了武裝能力）。然而，戰國時代被稱為「地侍」的武裝農民集團消失，在此一武士掌握天下、絕對集權看似牢不可破的時代，權力決定的運作卻還是恢復過去日本人最喜歡的合議制。如果再看看日後的歷史，更會發現這種奇妙法則的循環——在非常時期出現權力集中的獨裁者，進入穩定時期後，獨裁者不是失足就是送命。幕末的大老井伊直弼如此，明治的「有司專制」大久保利通如此，甚至連明治後期的元老山縣有朋，最後雖然安享天年卻都仍然因為「宮中某重大事件」[23]落寞地退出政治舞台。

戰國時代最後出現的慧星織田信長，就這樣完成了打破幾乎窒息的舊時代、踏出新時代第一步的重大任務，在本能寺戲劇性地退出了政治舞台——並於人生舞台謝幕。他或許戰勝了從中世以來將日本壓迫到幾乎失去生氣的

23 在昭和天皇還是皇太子時，因為婚約者（日後的香淳皇后）傳出有色盲的遺傳，所以山縣向其施壓希望解除婚約。後來事情傳出後山縣大受攻擊也因此影響力大幅降低，隔年在失意中死去且據說列席喪禮者稀稀落落。

老舊體制，但還是輸給某個至今仍隱隱盤據日本的傳統幽靈——
那個以「和」為名的合議傳統精神。

後記

因為自己專攻的民俗學，所以算是走遍了日本很多角落。

但是就像任何台灣人都不太敢有自信說自己很了解台灣一樣，再怎麼樣以日本文化作為生涯的研究主題，我還是不敢說自己「很了解」日本。我作得到的，就是不斷地用文字產出來敘述我看到的光影和輪廓，慢慢地組成一個名為「日本」的民族形狀。

過去我的兩本著作，可能會讓讀者們覺得我對這個國家帶著有點醉狂的熱愛。的確，對這個我生活超過十多年的國家，我的確是充滿感情的。不過正因為如此，在日本的生活有許多的快樂回憶，當然也就有許多不那麼快樂的回憶了。這本書看下來，許多朋友可能又會覺得我對日本有很多的批判。

作為一個日本文化研究者，我在許多時候都完全融入了日本朋友的生活中，但我作為外國人的身分卻是永遠不會改變的。我不像唐納德・基恩、甚至是小泉八雲那樣成為了一個「真正的」日本人，雖然我一樣對日本保持著敬意和「愛著」，但是另一方面我也希望我可以永遠保持著自己同時具有的內部和外者身分，好讓我更清楚地看清楚這個國家的樣貌。

我一直希望台灣可以建立起我們自己的日本觀，甚至有一天可以讓這種台灣的日本觀，成為日本的參考和醒思材料。

就像在台灣，對我們而言生活就是如此理所當然，甚至理所當然到我們常常忘記去思考這些天天都要面對的事物到底合理還是不合理。而我們自以為、有時候還會引以為傲的「台灣特色」和「台灣之光」，說不定其實也不那麼獨特、甚至根本不是什麼好光彩的事。但是我們常常可以聽到「美國人眼中的台灣」或是「來自日本友人的建議」，讓我們可以有重新思考、反省這些文化的存在意義，探討我們台灣是不是還有更好、更進步的機會和空間。而許多坊間文章也不斷地拿歐美、日本等「先進國家」的事例，來刺激我們「人家可以為什麼我們台灣不行」之類的。這一方面是我們的幸福——因為生長在一個充滿進步空間的國家，你永遠都有機會找到自己賭上人生的戰場。但是另一方面，我又常常回過來思考一件事情。

要和別人比較之前，我們真的了解別人和我們不一樣的地方是什麼嗎？對我來說，我們的比較對象就是日本。之前也說過，對我而言日本再好再壞、我跟日本多麼親近，她畢竟都是別人的國家。如果沒有辦法從日本的許多事象中獲得什麼啟發，那麼對台灣人來說她就永遠只會是個良好的出國旅遊地點而已。而對於台灣和日本同樣熱愛的我，讓台灣人更了解日本、更能從日本的正負經驗中得到新的刺激，然後在我們的國家點燃新的良性化學反應，就是我一直以來筆耕的最大目標。

要完整描述一個民族從來不是一件簡單的事。這次我的嘗試，就是從探討何謂「日本精神」開始，再導出日本的村落社會性格來解釋過去我們印象中的許多日本獨特現象。在現代的價值裡，村落社會或許代表了陳腐、封閉和群體對個人的壓迫。但是從書中的內容我們知道，村落社會其實帶給日本的影響相當多面，它一方面造成了日本人各種暴戾性格的起點，但是也營造出了日本「為他人著想」的體貼文化。村落社會是日本的傳統，而許多的日本民族特性和特殊文化也都附屬其下而誕生。所以這本書談天皇、談信仰、甚至談虐殺事件、談性風俗和霸凌，也談政治和社會結構。而這些不管是好是壞，都是日本的重要元素，而本書試著解明的，就是這些重要元素與村落社會性格間的因果關係。

我常開玩笑地說，如果有人告訴你看某本書就可以完全解析日本人，那麼這個人不是在唬爛就是存心要害你。不管是任何民族都內包著一定的矛盾和多面性，日本也一樣。就算我主修號稱最貼近民間的日本民俗學，看了許多前輩們所整理出來的資料文獻，但是日本仍然存在著我不清楚的風土，仍然有我還未去過的鄉鎮田野。對我來說，日本是個終生研究的題目，也應該窮盡我一生，我都沒有辦法學透日本文化的所有。但是，我永遠樂意和讀者們分享我的所見和我的發現。而在著作的過程中，我也因為和讀者們的交流和接受大家的指教，讓我學到了更多。這條無盡的旅程，我走得相當快樂，而我也希望能把這種快樂和更多的朋友分享。這就是我投入寫作的初衷。

因為個人性格和所學的專攻特性，我一直游走於民間與學界之間。很多人覺得這樣是左右逢源，但其實更多的時候是這樣的人會讓兩個世界都覺得「這傢伙不是自己人」般地兩面不是人。身為一個重回學界不滿五年、又多以大眾為對象出書的菜鳥研究者，很多學界先進認為我是不務正業的網紅，然後一般大眾也有許多人認為我是拿學歷出來假鬼假怪的知識販子。但是這樣兩端搖擺的我還能倖存到今天，靠的就是許多人對我的支持。在經過兩本大眾向的入門書籍後，這本書用了較為嚴謹的資料引用格式，務求不以一己偏見，而是以文獻支撐我這個「日本人論」的嘗試。說起來作為一個作者，我是相當任性的。這本書能夠問世，也要感謝許多人對我的包容。包括遠足文化以郭昕詠女士帶領的編輯團隊，還有我身邊許多的良師益友——在這裡就不一一列出名字了，因為以我兩光的個性一定會漏掉幾個然後就得失人了（笑），更要感謝的是我親愛的兩邊蔡家家人，還有我的親密戰友、經紀人兼伙食委員及風紀股長、最重要也最愛的妻子蔡依儒女士。

咦，怎麼越寫越像出最後一本書的感言啊！

當然不是了。就像前面所說，這段日本文化的探索旅程是我花一生要走的路。我能走到這裡，最感謝的當然就是包括現在正在讀這段文字的您。有時候回頭看過去自己寫的書，都會覺得有點不好意思。但是那不是因為我是騙你買爛書的詐騙集團，反而我覺得過了幾年之後，如果我沒有進步到看過去的自己覺得不好意思的話，那就代表我這幾年根本沒有進步，這才是對讀者的不負責任和最大欺騙。所以，我會繼續寫、繼續出，然後繼續學習，繼續和您一起成長。我在這個領域的心境，其實可以用「將東遊題壁」這首日本漢詩來代表：

男兒立志出鄉關
學若不成不復還
埋骨豈期墳墓地
人間到處有青山

雖然寫書寫得不好最多是賣不出去而已不必抓去處刑，但是在日本文化的學習和生產路上，我抱持的真的就是這種「不退轉」的心情。我將會繼續寫作，繼續精進，繼續以為台灣和日本寫出更多有價值的文字為目標。如果您不棄嫌，決定今後也要繼續支持小弟，那麼身為作者，最後我只有一句話要說：

「沒時間解釋了，快上車！」

二〇一八年四月四日　四十三歲生日的宮崎青島海岸

參考文獻

赤松啓介（2004）《夜這いの民俗学、夜這いの性愛論》筑摩書房
宮前耕史（2014）「青年と成人儀礼」《日本人の一生　通過儀礼の民俗学》八千代出版
柏木亨介（2014）「民俗学からみる人権―村八分の解釈をめぐって―」《〈人〉に向きあう民俗学》森話社
水木茂（2017）《昭和史 1》遠足文化
水木茂（2017）《昭和史 2》遠足文化
古家信平 等（2008）《日本の民俗 5》吉川弘文館
古家信平 等（2009）《図説　日本民俗学》吉川弘文館
筑波昭（2005）《津山三十人殺し》新潮文庫
樋口清之（2017）《梅干與武士刀》時報文化
梅原猛（2010）《日本の伝統とは何か》ミネルヴァ書房
內藤湖南（1976）《日本文化史研究（下）》講談社

会田雄次（1972）《日本人の意識構造》講談社
会田雄次（1973）《アーロン収容所》中公文庫
会田雄次（1988）《歴史小説の読み方》ＰＨＰ研究所
戴季陶（2017）《日本論》香港中和出版
大久保喬樹（2003）《日本文化論の系譜―《武士道》から《「甘え」の構造》まで》中公新書
新渡戸稲造・林水福譯（2018）《武士道》遠足文化
谷沢永一（2005）《司馬遼太郎の遺言》ビジネス社
中塚明（2009）《司馬遼太郎の歴史観》高文研
中村政則（2009）《「坂の上の雲」と司馬史観》岩波書店
和田宏（2004）。司馬遼太郎という人。東京：文藝春秋
成田龍一（2009）《戦後思想家としての司馬遼太郎》筑摩書房
梅原猛（2016/5/4）《司馬遼太郎没後20年　空海を思う》産経新聞大阪本社版
文藝春秋（1999）《司馬遼太郎の世界》文藝春秋
文藝春秋（2013）《司馬遼太郎全仕事》文藝春秋

李御寧（2007）《縮み志向の日本人》講談社
名越二荒之助・草開省三（1996）《台湾と日本交流秘話》展転社
池上遼一、工藤かずや（2005）《信長（八）》東立出版社
中野幡能（1985）《八幡信仰》塙書房
島薗進（2010）《国家神道と日本人》岩波書店
中根千枝（1967）《タテ社会の人間関係》講談社
笠谷和比古（1988）《主君「押込」の構造—近世大名と家臣団》平凡社
五来重（2011）《高野聖》角川学芸出版
伊藤聡（2012）《神道とは何か》中公新書
蔡亦竹（2016）《表裏日本》遠足文化
蔡亦竹（2017）《風雲京都》遠足文化
武光誠（2015）《藩と日本人》河出文庫
司馬遼太郎（1994）《明治という国家（下）》
司馬遼太郎（1995）《台灣紀行》台灣東販
司馬遼太郎（1993）《この国のかたち（一）》文藝春秋

司馬遼太郎（1993）《この国のかたち（二）》文藝春秋
司馬遼太郎（1997）《この国のかたち（四）》文藝春秋
司馬遼太郎（1999）《昭和という国家》NHK出版
司馬遼太郎、ドナルド・キーン（1972）《日本人と日本文化》中公新書
藤沢周平（1995）《ふるさとへ廻る六部は》新潮社
海音寺潮五郎（2011）《覇者の条件》文春文庫
原田要（2015）《最後の零戦乗り》宝島社
高橋直哉《靖國問題》遠足文化
石原莞爾（2011）《世界最終戦争 増補版》毎日ワンズ
文藝春秋（1957）《文藝春秋7月臨時増刊号「昭和メモ」》文藝春秋
磯田道史（2017）《司馬遼太郎で学ぶ日本史》NHK出版
半藤一利、保阪正康（2015）《賊軍の昭和史》東洋経済新報社
新野和暢（2015）「皇道仏教という思想─十五年戦争期の大陸佈教と国家─」《人文学報　第108号〈特集：日本宗教史像の再構築〉》京都大学人文科学研究所
蔡錦堂（1994）《日本帝国主義下台湾の宗教政策》同成社

中島岳志（2017）《親鸞と日本主義》新潮社
島田裕巳（2014）《靖国神社》幻冬舎
ジョン・ダワー（2001）《容赦なき戦争——太平洋戦争における人種差別》平凡社
半藤一利（2012）《昭和史》平凡社

《表裏日本：民俗學者的日本文化掃描》

蔡亦竹 著

（遠足文化／2016）

精彩摘要——

對台灣人而言，日本如此親近，卻又像戴著面紗永遠看不清楚她的面容。就連日本偉大的國民作家司馬遼太郎，一生完成了無數的歷史小說巨著，卻也在人生的後期致力於散文寫作，想要探求出日本這個國家、這個民族的樣貌。

既然日本是台灣關係密切、甚至具有特殊感情的鄰國，那麼我們台灣人就不能永遠只是倚靠日本人所寫的日本論、甚至是中國觀點的日本論，而該也有從我們角度出發的日本觀察和感想才對。

本書力圖以貼近年輕學生族群的語言，活靈活現述寫日本的歷史文化，內容縱橫古今，題材橫跨宗教、英雄到飲食。期望透過此書讓大眾讀者對日本建立更真實的文化認知，在對日本懷抱崇仰孺慕之情時，能夠更深入、更正確地了解日本之所以迷人的原因。

《風雲京都：京都世界遺產的文化人類學巡檢》

蔡亦竹 著

（遠足文化／2017）

精彩摘要——

京都這座千年歷史之都，不只擁有優雅與光明的一面，也曾有過鮮爲人知的黑暗與兇殘。那些寺院建築上的亮紅，也許是歷史遺留下的血色；極顯華麗莊嚴之姿的樓臺閣院，興許不是勝者爲王的產物，而是盛極必衰、人事皆非的蒼涼見證。

因此，在欣賞京都建築和庭園之餘，更要看看這個古都的漫長歲月裡，記載的人們活著的痕跡，和所有悲歡離合的記憶。京都有十七座的世界文化遺產，本書就以這十七個名勝爲觸媒，以兼具學術與娛樂的行文，娓娓訴說那些驚心動魄或悠遠動人的故事，來仔細看看平安京這座千年王城的風景。

《擁抱戰敗：第二次世界大戰後的日本》

約翰・道爾 著

（遠足文化／2017）

精彩摘要——

本書以極其簡潔優雅卻力道沉重的敘事筆調，爲讀者梳理美軍佔領期間日本的政治制度、經濟、大眾文化、社會風俗各個方面。既批判麥克阿瑟主導的美國意志邏輯野蠻加強迫在戰後日本推行「美國化」、「民主化」以及「現代化」；同時也細膩剖析日本作爲戰敗者的複雜心態，有悲慘、迷茫、悲觀和怨恨，也兼具希望、韌性、遠見與夢想，還原社會各階層民眾的聲音。顯露出戰勝與戰敗，並非單方面的佔領統治而是雙方互相的「擁抱」。

約翰・道爾

美國麻省理工學院歷史學教授，美國藝術科學院院士，美國歷史學會委員。

《靖國問題》

高橋哲哉 著

（遠足文化／2017）

精彩摘要——

長久以來，圍繞著靖國神社所產生的「靖國」問題，已成爲日本與中國、韓國和亞洲諸國，在外交上的巨大障礙。然而，首相參拜靖國神社爲什麼會成爲一個問題，對此真正知道的人並不多。而且，連知道靖國神社是一個什麼樣的神社的人也爲數很少。作爲一名哲學研究者，高橋哲哉撰寫這本書的目的在於爲那些想在這個問題上持有自己的見解的讀者們提供一些思考的線索。

高橋哲哉

東京大學大學院綜合文化研究科教授。研究二十世紀西歐哲學，以哲學學者的身分探討政治、社會、歷史等議題。

《愛藏版 漫畫昭和史》

水木茂 著

（遠足文化／ 2017）

精彩摘要——

昭和元年，裕仁天皇繼位；水木茂四歲；昭和六十四年，裕仁天皇駕崩。見證了整個昭和時代的水木茂，本身就是活生生的昭和史，太平洋戰爭之下、於空襲中失去單臂的他，對於戰時、戰後的日本更有一番血淚交織的體驗。親身體驗過戰爭爲何物的水木茂，將昭和時代的歷史脈絡，與自己的生命史相互重疊，創作出《漫畫昭和史》用自己的角度刻劃出獨一無二的昭和史。

水木茂

生於一九二二年，鳥取縣境港市長大。二戰時派駐激戰地帶拉包爾，並在轟炸中失去左手。復員後開始畫起連續畫劇（紙芝居），之後轉而創作出租漫畫（貸本漫畫）。

《菊與刀：日本文化的雙重性格（2018 全新修訂版）》

露絲．潘乃德 著

（遠足文化／ 2018）

精彩摘要——

本書乃美國學者露絲．潘乃德於二戰末期接受美國政府委託，研究在當時最令西方感到陌生而難解的敵國日本。作者利用當時日本發佈的宣傳電影、集中營中的日裔美國人、戰俘的訪談紀錄以及日本人的文學作品蒐集資料，運用文化人類學的方法針對日本這個國家及其民族性與社會進行了系統性分析，試圖跳脫西方的刻板框架來重新勾勒日本文化的客觀。

露絲．潘乃德

美國文化人類學家，二十世紀初少數的女性學者。率先提出文化形貌論，認爲文化如同個人，具有不同的類型與特徵。代表作《菊與刀》。

國家圖書館出版品預行編目(CIP)資料

圖解日本人論 / 蔡亦竹著 · —— 初版 · —— 新北市：遠足文化，2018.07—— (浮世繪；50)
ISBN 978-957-8630-55-0
1. 文化史 2. 日本

731.3　　107009995

浮世繪 50

圖解日本人論

作者 ——— 蔡亦竹
出版總監 —— 陳蕙慧
總編輯 ——— 郭昕詠
行銷總監 —— 李逸文
資深通路行銷 —— 張元慧
編輯 ——— 陳柔君、徐昉驊
封面設計 —— 霧室
排版 ——— 簡單瑛設

社長 ——— 郭重興
發行人兼
出版總監 —— 曾大福
出版者 ——— 遠足文化事業股份有限公司
地址 ——— 231 新北市新店區民權路 108-2 號 9 樓
電話 ——— (02)2218-1417
傳真 ——— (02)2218-0727
郵撥帳號 —— 19504465
客服專線 —— 0800-221-029
部落格 ——— http://777walkers.blogspot.com/
網址 ——— http://www.bookrep.com.tw
法律顧問 —— 華洋法律事務所 蘇文生律師
印製 ——— 呈靖彩藝有限公司

初版一刷 2018 年 7 月
Printed in Taiwan